청소년을 위한 철학 이야기

청소년을 위한 철학 이야기

강영계 지음

서광사

# 청소년을 위한 철학 이야기

강영계 지음

펴낸이—김신혁
펴낸곳—서광사
출판등록일—1977. 6. 30.
출판등록번호—제 6-0017호

(130-820) 서울시 동대문구 용두 2동 119-46
대표전화 · 924-6161/팩시밀리 · 922-4993/E-Mail · phil6161@chol.com
http://www.seokwangsa.co.kr

지은이와의 합의하에 인지는 생략합니다.

제1판 제1쇄 펴낸날 · 2003년 11월 30일
제1판 제4쇄 펴낸날 · 2005년 9월 30일

ISBN 89-306-0214-2   93100

# 책 머리에

## 1

10대는 방황하고, 고뇌하며, 번민한다.

10대는 이 세상의 모든 고민을 혼자 짊어지고 너무 고통스러워 신음한다.

"도대체 나는 누구인가?"

"왜 어른들은 나에게 명령만 하는가?"

"왜 나는 일류 대학에 들어가기 위해서 흥미도 없는 영어, 수학, 국어를 매일 공부해야만 하는 것인가?"

10대는 모든 것이 의심스럽다. 10대는 답답하고 캄캄한 감옥을 부수고 어디론가 끝없이 마음껏 달려가고 싶다.

10대는 왜 번민하는가?

10대의 젊은이는 성숙하기 위해서 번민한다.

10대는 왜 사랑하는가?

10대의 젊은이는 자기 자신을 알고 싶어서, 인간이 그리워서 사랑의 불길을 태운다.

## 2

세 번만 눈을 깜빡거리면 한 사람의 일생이 끝나 버리고 만다. 한 번 깜빡이면 내가 태어나고, 두 번 깜빡이면 지금, 이곳의 내가 있고, 세 번 깜빡이면 나는 이미 늙어서 죽음 앞에 누워있다.

지금밖에 없다. 과거도, 현재도, 미래도 모두 지금이다. 지금 나의 온몸과 마음을 불태우면서 최선을 다할 때 지금은 의미 있고 가치 있는 삶으로 빛날 것이다.

한 알의 작은 씨앗이 풍요로운 땅과, 산소와, 햇빛을 만나면 머지않아 우람한 나무로 큰다. 여리고 약한 10대 소년은 동요하는 감정과 냉철한 사색의 바다를 항해하면서 견고한 자아의 집을 짓기 시작한다.

3

    철학은 삶이다. 자기성찰이 결여된 삶은 무의미하며 무가치하다. 10대 젊은이는 능히 예리하게 느끼며, 치밀하게 사유할 수 있다. 철학하는 삶은 자기를 성찰하는 삶이다. 헤아릴 수 없이 많은 선조들이 울고 웃으면서 자기성찰의 긴 길을 지나갔다.

    나는 이제 젊은이들에게 내가 걸어온 자기성찰의 길을 마련해 보았다. 10대 젊은이들이 이 길을 함께 걸으면서 삶의 의미와 가치를 곰곰이 씹어 볼 수 있기를…….

2003년 가을
강영계

# 차례

도대체 **철학**이란 어떤 학문일까?

# 도대체 철학이란 어떤 학문일까?

## 왜 철학?

인간은 감정을 가지고 느끼며 의지에 의해서 결단하고 지성에 의해서 사유하는 존재이다. 인류는 오래 전부터 지구상의 여러 곳에서 역사를 이끌어 오면서 문화의 업적을 이룩하여 왔다. 인간은 역사적 존재이자 문화적 존재이다.

문화는 인간의 정신적 업적이다. 문화는 도덕, 종교, 예술, 학문 등의 요소로 구성된다. 학문을 대표하는 것은 예로부터 철학이었다. 20세기를 지나 21세기에 접어들면서 인간성 상실, 인간성 소외 등이 이제 절정에 달하였다. 따라서 다시금 왜 인간은 철학을 하는가 그리고 철학이란 무엇인가라는 물음이 새삼스럽게 제기되지 않을 수 없다. 왜냐하면 인간의 자각을 지금까지 가장 철저하게 묻고 답한 것이 바로 철학이라는 학문이었기 때문이다.

# 철학에 대한 그릇된 견해들

문화를 형성하는 요소들인 도덕, 종교, 예술 등에 관해서 일반인들은 어느 정도의 상식을 가지고 있다. 대부분의 사람들은 일상적 윤리도덕에 익숙하며 나름대로의 신앙을 가지고 있고 여러 장르의 예술들을 쉽사리 접하고 있다. 그러나 철학에 대해서는 많은 사람들이 그릇된 견해를 가지고 있는 것이 사실이다. 철학은 어느 정도 전문적인 훈련을 필요로 하는 학문인데다 인간의 자기성찰을 요하는 학문이기 때문일 것이다.

많은 사람들은 자기 나름대로 철학에 대한 그릇된 견해를 가지고 있다.

"동양철학이야말로 참으로 신통해. 철학이란 인간의 내면은 물론이고 과거와 미래를 훤히 꿰뚫어 보거든. 얼마 전 성명철학관에 가서 내 이름을 풀어 보니까 지난 날 모든 것이 쪽집게처럼 나왔어."

"나도 똑같은 생각이야. 궁합이나 사주팔자는 헛소리가 아니야. 다 옛 현인들이 인간을 보고 또 앞날을 훤히 내다 보니까 궁합이나 사주팔자를 볼 수 있었던 거야. 관상이나 사주팔자나 모두 동양철학의 대가들만 잘 알아 맞출 수 있어."

철학이란 현실을 통찰하고, 분석·종합하며, 비판하는 사유작업이다. 그러므로 사주팔자나 궁합 또는 관상이나 성명철학이라고 하는 것들은 단순한 미신이고 학문으로서의 철학과는 아무런 관계도 없다.

어떤 사람은 자신의 세계관이나 인생관을 철학이라고 주장한다.

"여러분, 국회의원이 되어 나라의 정치를 이끌어 가려면 이 국가의 미래에 관한 확실한 철학이 있어야 합니다. 이번에 국회의원에 출마한 제가 바로 그러한 철학을 가진 후보입니다."

"장사꾼이라고 다 장사하는 줄 아나? 장사꾼이라도 한 기업을 책임지기 위해서는 자기 자신의 경제에 대한 철학이 있어야 하는 법이야. 경제가 어떻게 굴러가는지도 모른 채 아무런 철학도 없이 기업을 이끌어 가겠다는 것은 무모한 모험에 지나지 않아."

위에서 볼 수 있는 견해들은 개인적인 세계관 내지 인생관이지 학문으로서의 철학은 아니다. 물론 철학의 원래 의미인 지혜에 대한 사랑은 넓은 의미에서 조화로운 세계관 내지 인생관이라고 말할 수 있다. 그러나 문화의 한 요소로서의 철학은 어디까지나 지성적 사유 작업인 학문이다.

## 철학은 기초 학이다

철학은 인식론, 윤리학, 형이상학, 미학 등의 요소로 구성되는 기초

학이다. 철학 이외의 어떤 학문에서도 앎의 의미를 다루지 않는다. 또 어떤 다른 학문에서도 선과 악의 가치, 존재하는 것들과 그것들의 원리 및 아름다움의 의미와 가치를 다루지 않는다. 철학은 다른 개별학문들의 출발점과 결과를 검토함으로써 학문들의 성격을 규정하고 동시에 학문들에게 미래지향적인 방향을 제시해준다. 따라서 철학을 일컬어서 기초 학이라고 말한다.

생명공학의 예를 들어보자. 철학자는 첨단 생명공학의 전문지식은 가지기 힘들다. 그러나 생명공학자가 유전자 조작에 의해서 복제 쥐를 만들어 내었다고 하자. 이 경우 철학은 어떤 역할을 담당할 것인가? 철학자는 우선 생명공학의 출발점과 가설을 탐구하고 그 결과를 연구함으로써 종합적인 관점에서 비판적 결론을 도출하여야 한다. 결국 철학자는 미래지향적인 가치평가를 내림으로써 생명공학자로 하여금 부정적 결과를 통제할 수 있도록 하지 않으면 안 된다.

철학은 다음의 몇 가지 이유에서 기초 학이다.

(가) 철학은 인간의 삶과 세계의 보편적인 근거 내지 원리를 탐구한다.

(나) 철학은 특정한 지성적 방법을 사용하여 대상과 사태를 탐구한다.

(다) 철학은 개별학문들의 출발점 곧 개별학문들의 성립근거를 밝힌다.

(라) 철학은 개별학문들의 성과를 비판적으로 분석 · 종합 · 검토함으로써 현실에 미래지향적 방향을 제시한다.

# 철학하기

철학은 어디까지나 인간의 자유로운 주체적 사유작업이다. 많은 사람들은 철학사에 대한 지식과 철학하기를 혼동한다.

> "저 철학교수는 하이데거 전공이래. 저 교수처럼 하이데거 철학을 완전하게 아는 사람도 드물 거야. 저 교수의 엄숙한 말과 얼굴만 봐도 철학 냄새가 물씬 나는 것 같아."

> "저 동양철학자는 논어, 맹자를 줄줄 외어대는 것이 보통이 아냐. 철학을 하려면 저 사람만큼은 해야 되는 것 아니야?"

특정한 철학자의 사상에 대한 지식이나 철학사에 대한 지식은 철학하기 위한 작은 기초는 될지 몰라도 주체적이며 자유로운 사유작업으로서의 철학하기와는 거리가 멀다. 대학에서 철학을 전공한 사람보다 수학, 물리학, 신학, 의학 등을 전공한 사람들 중에 철학자가 많은 이유는 어디에 있을까? 철학하기는 예리하고 심원한 비판적 자기성찰로부터 시작한다.

# 무엇을 왜 배우는가?

## 학문의 시초

사람은 태어나서부터 죽을 때까지 배운다. 우리들 인간은 누구나 모두 보고, 듣고, 배우며, 안다. "왜 배우는가?"라는 물음에 대해서 우리들은 "알기 위해서 배운다"라고 말한다.

앎은 생존을 위해서 대상을 이용하기 위한 실용적인 앎과, 알고싶은 욕구 자체를 충족시키기 위한 순수한 앎 두 가지로 나누어 볼 수 있다.

"이 책 값이 얼마인지 알아야만 내 용돈을 축내지 않고 책을 살 수 있는 방법을 생각할 수 있겠다."

"휴대전화의 기능이 매우 다양하다고 들었습니다. 중요한 기능들을 저에게 설명해줄 수 있습니까? 만일 저에게 꼭 필요한 기능이 있다면 저도 휴대전화를 한 대 마련할 예정입니다."

"나는 천문학 지식을 좀더 넓히고 싶다. 지구, 태양계, 우주, 대우주 등에 관해서 읽은 일이 있다. 우주의 발생과 우주의 공간적 한계에 관해서 확실히 알고 싶다."

"방정식문제를 풀면서 골머리를 앓았다. 이렇게 해 보아도 저렇게 해 보아도 문제가 풀리지 않았다. 그런데 조금 전에 갑자기 문제를 풀고 답을 알 수 있었다. 얼마나 기뻤는지 모른다."

위의 글 중에서 앞의 두 가지는 생활에서 이용하기 위한 앎에 관한 것이고, 뒤의 두 가지는 앎 자체의 욕구를 만족시키기 위한 앎이다.

학문의 시초는 순수한 앎의 욕구를 충족시키기 위한 탐구였다. 보통 우리들이 어떤 것을 배울 때, 배움은 순수한 앎과 실용적인 앎 두 가지를 모두 포함한다. 그러나 두 가지 중 앞서는 것은 순수한 앎이다.

앎의 특징은 의심과 경탄이다. 우리들이 알지 못하는 대상이나 문제를 대할 경우 우리는 우선 그것을 의심한다. 의심하기 때문에 우리는 알고자 한다. 일찍이 성 아우구스티누스(354~430)는 이렇게 말하였다. "나는 의심한다. 그러므로 나는 존재한다." 또 데카르트(1596~1650)는 다음처럼 말하였다. "나는 생각한다. 그러므로 나는 존재한다." 왜 의심하고, 왜 생각하는가? 우리는 알기 위해서 의심하고 생각한다.

결국 학문의 시초는 의심과 경탄이라고 말할 수 있다. 우리들은 알 수 없는 세계에 둘러싸여 있다. 자연에 대해서, 인간에 대하여 그리고 초월적인 것에 대해서 우리들은 모르는 것이 너무 많다. 하나씩 배워서 알 때 우리는 놀라움을 금치 못한다. 의심하면 우리는 배워서 알고 경탄하면서 즐거움을 느낀다.


## 학문의 즐거움

배고플 때 음식을 먹으면 쾌감을 느끼는 것처럼 의심스러움 것을 밝혀서 참다운 앎을 가질 때도 역시 즐거움을 느낀다.

"배우고 때로 익히니 기쁘지 아니한가! 멀리서 친구가 오니 또한 즐겁지 아니한가! 남들이 알아주지 않아도 싫어하지 않으니 역시 군자가 아닌가!"

"큰 배움의 도는 백성을 새롭게 하는 데 있으며, 밝은 덕을 밝히는 데 있고, 참다운 선(善)에 머무는 데 있다."

위의 글 중에서 첫번째는 사서(四書)중 하나인 논어의 첫머리에 나오는 것이고 두 번째는 대학의 첫머리에 나오는 글이다. 무릇 학문은 배움에서 시작하는 것으로서 조직적이며 체계적인 배움이 바로 학문이다.

알고 싶은 욕망(의심)도 충족시키지 못하고 실제로 써먹을 가치도 없는 학문은 공리공담에 그치며 우리들을 피곤하게 만든다. 학문다운 학문은 의심을 풀어 주고 생활에서 실재로 사용될 수 있으므로 우리에게 기쁨과 즐거움을 가져다 준다. 많은 경우 학교공부가 재미없고 골치 아픈 이유는 어디에 있을까?

## 현실과 학문

학문은 조직적이며 체계적인 배움이므로 논리적이지 않으면 안 된다. 이제 현실과 학문을 대비시켜 보자.

현실(실천): 복잡하다
　　　　　　구체적이다
　　　　　　각각 체험의 대상이다
　　　　　　비논리적이다

학문(이론): 단순하다
　　　　　　추상적이다
　　　　　　지성작업의 대상이다
　　　　　　논리적이다

이상에서 볼 때 학문의 본성은 단순성, 추상성, 지성작업, 논리성 등이라고 할 수 있다. 인간은 왜 학문을 할까? 물론 의심을 해결하고 경탄하기 위해서이다. 그러나 좀더 구체적 답을 찾아보기로 하자.

"나는 설악산을 열번 이상 등반했어. 이 곳 저 곳을 헤매고 돌아다녀 보았지만 설악산 전체를 아직 알 수 없어."

"나는 설악산에 한번도 가본 일이 없지만 설악산에 관해서 나만큼 아는 사람도 없을 거야. 나는 세 장의 설악산 지도를 수없이 살펴보았고 네 권에 달하는 설악산 관계 서적을 샅샅이 읽어 보았거든."

우리는 학문에 의해 현실을 이론화함으로써 현실 전체를 단순하게 알 수 있다. 현실에 문제가 있을 때 이론화함으로써 우리는 현실 문제를 쉽사리 해결할 수 있다.

우리들은 현실, 다시 말해서 인간과 세계의 현실을 이론적으로 파악함으로써 현실 문제를 해결하기 위해서 학문을 한다. 국어, 영어, 수학을 배우는 것은 단지 국어나 영어 또는 수학의 지식을 배우는 것을 넘어서서 인간과 세계의 현실을 제대로 알기 위해서 배우는 것이다. 한강 개발이나 청계천 복원사업 등에서 생물학, 경제학, 사회학, 환경공학, 토목공학 등 여러 가지 학문이 함께 참여하여 한강개발과 청계천 복원사업의 문제를 파악하고 해결하려고 하지 않으면 안 된다.

학문은 결국 현실을 파악함으로써 현실문제를 해결하고 미래 지향적인 인간관과 세계관을 실현시키는 것을 목적으로 삼는다.

# 인간은 왜 알고자 하는가?

## 인간은 인식하는 존재이다

인간 이외의 다른 동물들은 본능적으로 행동한다. 본능이란 외부 자극에 대한 직접적인 반응이다. 인간도 동물이므로 본능적으로 행동한다. 그러나 인간은 다른 동물들과 판이하게 구별된다.

"나는 지난 학기 시험기간에 꼭 한번 컨닝한 일이 있다. 그 일이 두고 두고 죄책감을 불러일으킨다. 앞으로 나는 열심히 시험준비를 해서 다시는 부정행위를 하지 않기로 굳게 다짐하였다."

"테레사 수녀님의 행동은 확실히 선하다. 어느 누가 테레사 수녀님의 봉사활동을 악하다고 할 것인가? 자신의 생명을 바쳐 가면서 빈민들을 위해서 일생을 바친 테레사 수녀님의 행적은 바로 고귀한 선행의 모범이다."

인간은 유추하고 판단하며 추리한다. 인간은 사고하는 존재이다. 그러나 알지 않고서는 생각할 수 없다. 환상과 공상은 사고와 질적으로 다르다. 환상과 공상은 헛되고 무질서한 생각이다. 그러나 사고는 질서있는 앎을 기초로 삼은 체계적인 생각이다.

아는 것을 심리학적으로는 인지라고 하고, 철학에서는 인식이라고 한다. 심리학적 인지는 앎의 과정과 사실을 중요시함에 비해서 철학적 인식은 앎의 의미와 가치를 중요시한다. 그러나 일반적으로 철학적 의미의 인식은 심리학적 의미의 인지를 전제로 삼는다.

심리학적 인지과정을 살펴보자. 인지과정은 물리적 에너지의 과정, 생물학적 에너지의 과정, 심리학적 에너지의 과정에 의해서 형성된다. 우선 대상으로부터의 자극이 감각기관에 도달하는데 이것을 물리학적 에너지의 과정이라고 한다. 예컨대 밖에 사과가 있으면 사과로부터 반사되는 빛이 눈에 도달한다. 그러나 눈에 도달한 빛은 더 이상 빛이 아니고 시신경세포들 사이의 화학물질 분비작용을 거쳐서 뇌신경에 도달하는데 이 과정이 생물학적 에너지의 과정이다.

마지막으로 대뇌에서는 심리학적 에너지의 과정에 의해서 사과라는 것을 지각하고 그것을 기억함으로써 사고하기 시작한다. 그러나 철학적 인식론에서는 대상인식이 감각에 의해서 이루어지던가, 이성적 사유에 의해서 성립하던가, 또는 감각과 사유 양자의 작용에 의해서 성립한다고 본다.

# 인식론의 다양한 입장들

대상을 어떻게 아는가 하는 데 관해서는 여러 가지 다른 입장들이 있다.

"이성이란 것은 인간이 환상적으로 생각해낸 단어에 지나지 않아. 우리들에게 확실한 것은 감각경험밖에 다른 것이 있을 수 없어. 그러므로 우리들의 참다운 앎(지식)은 감각경험에 의한 것이야."

"감각경험으로 아는 지식이란 모두 불확실하고 의심의 대상이 될 수밖에 없어. 역시 확실한 보편적 지식은 이성에 의해서만 가능해. 산수나 기하학의 지식만 보아도 참다운 지식은 이성의 산물이라는 것이 분명해. 현실세계에 삼각형은 어디에도 없어. 우리들의 정신적 개념인 삼각형이 보편적으로 있어서 우리는 단지 감각의 도움으로 현실세계의 대상에 이성적인 삼각형을 적용시킬 뿐이야. 산수의 경우도 마찬가지야."

인식론의 입장에 따라서 세계관도 달라진다. 모든 동물은 호기심을 가지고 있으며 인간도 마찬가지이다. 그러나 인간은 단순한 본능적 호기심을 넘어서서 사물의 확실한 내용과 형식을 파악하고자 하는 호기심 곧 지적 호기심을 가지고 있으므로 사물과 사태를 알고자 한다.

인식론은 넓은 의미의 인식론과 좁은 의미의 철학적 인식론으로 구분될 수 있다. 넓은 의미의 인식론은 앎의 현상을 취급하는 모든 학문적 탐구를 포함한다. 넓은 의미의 인식론에는 논리학, 심리학, 사회학, 역사학, 생리학 등이 포함된다. 그러나 좁은 의미의 인식론 곧 철학적 인식론은 인식의 본질과 원리를 비롯해서 인식의 근원, 조건, 전제 및 인식의 범위와 한계를 탐구한다.

철학적 인식론은 크게 주관주의적 인식론과 객관주의적 인식론으로 구분된다. 대상인식은 인간의 주관적인 내면과정이라고 주장하는 입장이 주관주의적 인식론이다. 그러나 사물, 관념, 가치 등이 인간의 내적 지각과 상관없이 그대로 알려진다고 주장하는 입장은 객관주의적 인식론의 입장이다.

인식방법론에 따라서 인식론은 다시 경험론, 합리론, 회의론, 과학적 인식론, 분석철학적 인식론, 권위주의, 직관주의 등으로 구분된다. 우리가 어떤 인식론의 입장을 가지는가에 따라서 세상을 바라보는 관점이 달라진다. 인식론의 입장이 얼마만큼 정교하고 비판적이며 통일되어 있는가에 따라서 대상을 알고 사회를 구성하는 문화적 수준이 어느 정도인지를 미루어 알 수 있다.


## 인식론과 철학하기

철학은 원래 지혜에 대한 사랑이다. 철학은 물론 기초 학이기는 해도 궁극적으로는 지식을 뛰어넘는 지혜에 대한 사랑이다.

철학이 무엇인지를 알기 위해서는 철학을 구성하는 기본분과들이 어떤 것들인지 알 필요가 있다. 그것들은 인식론, 형이상학, 윤리학,

미학 등이다. 이들 네 가지 이외에 부차적인 분과들은 논리학과 철학사를 들 수 있다. 형이상학은 사물들의 존재와 그 원리에 대한 분과이다. 우리들은 세계에 왜 사물들이 있고, 어떻게 있는지 그리고 사물들의 존재원리는 무엇인지를 탐구한다. 인간의 행동과 연관된 도덕문제를 탐구하는 것이 윤리학이다. 실천적 행동에 있어서 선과 악 그리고 권리와 의무 및 정의가 어떤 것인지를 묻는 것이 윤리학이다. 미적 체험과 표현 그리고 자연미와 예술미 및 예술작품의 의미와 가치 등을 탐구하는 분야는 미학이다.

인식론은 형이상학, 윤리학, 미학과 함께 철학이라는 기초학문을 형성한다. 인간이 알고자 하는 것은 결국 사물과 사태 곧 세계를 알려고 하는 것이다. 세계를 알기 위해서는 대상은 물론이고 자기 자신도 알지 않으면 안 된다. 이런 의미에서 철학이란 지혜에 대한 사랑이다. 지혜란 나와 세계를 알고 깨닫는 것을 특징으로 삼는다. 지혜를 사랑할 때 비로소 인간은 인류애와 우주애를 체험할 수 있는 것이 아닌가?

이 세상에서
가장 **소중한** 사람

# 생명의 고귀함

## 생명공학의 공헌

　20세기와 21세기에 들어서서 가장 각광받는 자연과학의 테크닉은 반도체에 의한 디지털 테크닉이다. 디지털 테크닉에 의해서 지구상의 시간과 공간은 과거 어느 때보다 단축되었다. 어디 그뿐인가? 디지털 문명은 인간의 일상생활에서 필요한 온갖 유용성을 제공해주었고 생산성을 극대화시켰다.

　그러나 디지털 문명의 도움을 받아서 현대사회에 놀라울만한 발달을 이룩한 또 하나의 분야는 생명공학이다. 이제 우리들은 인간의 염색체와 유전자구조를 거의 밝힐 수 있게 되었다. 현재 생명공학은 인간의 현실적 삶에 실제로 유용하게 기여하고 있다.

　"돌리 양 복제는 단순한 호기심으로 이상한 괴물을 만들기 위해서 시도된 것이 결코 아니야. 양이나 소의 복제는 우선 유전자 조작의 엄청난 과학적 업적이지. 동물을 복제하는 목적은 바로 인간의 질병을 예방하고 수명을 연장함으로써 건강한 육체를 가지고 행복하게 살기 위한 것에 있어."

"우리들이 무관심해서 그렇지 이미 식물에는 유전자 조작에 의한 신종 식물들이 꽤 있어. 토마토나 콩은 많은 양이 유전자 조작에 의해서 품종도 우수해졌을 뿐만 아니라 수확량도 엄청나게 증가해서 식량 해결에 큰 도움이 되고 있어."

"생명과학의 발달이야말로 가히 경이로운 인간의 업적이지. 생명공학에 의한 신약발명도 빼놓을 수 없어. 각종 암이나 에이즈 등 난치병도 생명공학에 의한 신약개발로 점차 성공적인 치료방법을 찾게 될 거야."

"줄기세포를 유전자 조작을 통해서 배양함으로써 간, 쓸개, 허파 등 장기를 만들어서 죽어 가는 사람들에게 이식하게 되면 환자들의 고통을 치료할 뿐만 아니라 생명까지 연장하게 할 수 있어. 생명공학의 발달은 인류문명의 꽃을 장식할 것이 확실해."

과연 생명공학의 발달은 놀라울만한 것이었다. 정상적인 난자와 정자가 수정됨으로써 생명체가 탄생하는 것이 상식이었지만, 정자 없이 체세포만 가지고 난자의 핵을 제거하고 생명공학의 테크닉에 의해서 체세포를 난자에 결합시켜서 생물체를 복제하는 일은 지난날 감히 상상도 못한 일이었다.

이미 오래 전부터 식량난을 해결하기 위해서 소나 돼지는 인공수정을 통해서 출산시키고 사육하여 왔다. 건강한 돼지나 소의 정자를 채취해 두었다가 적당한 때 수정시키는 것이 인공수정이다. 인공수정 방법을 사용하면 우리는 우수한 품종의 돼지나 소를 다량으로 얻을 수 있다. 그러나 이제는 체세포를 유전자 조작에 의해서 건강한 소나 돼지를 원하는 만큼 다량으로 구할 수 있는 시기도 멀지 않았을 것이다.

식물도 마찬가지이다. 토마토, 콩, 쌀 등을 유전자 조작할 경우 병충해에 강할 뿐만 아니라 다량의 우수한 품종을 거둘 수 있다. 그러나 어디에나 항상 밝음이 있으면 어둠이 있는 것처럼 생명공학에도 긍정적인 측면이 있는가 하면 부정적인 측면도 있기 마련이다.


## 생명공학의 문제점

과학의 발달은 인간의 욕망을 충족시켜 주는 만큼 인간에게 피해를 가져다 준다. 예컨대 원자력의 발달을 살펴보면 문제가 간단히 드러난다. 원자력은 우선 전기를 해결해주며 또한 각종 난치병 치료에도 요긴하게 사용된다. 그러나 원자탄과 핵폐기물의 위험은 생각만 해도 끔찍한 것이다.

현재 우리의 주변에는 콩, 토마토, 쌀 등 각종 식물과 많은 종류의 신약들이 생명공학의 산물로 존재한다. 유전자 조작을 통한 것들에는 반드시 유전자 조작에 의한 산물이라는 것을 명시하게 되어 있다. 왜 그런가?

인간은 자신의 한계를 알지 못하고 너무 오만해서 스스로 큰 실수를 저지르고 있어. 복제 양 돌리만 해도 일찌감치 늙고 병들어 죽었잖아. 자연의 섭리를 따르지 않으면 큰 재앙이 닥칠 것은 뻔해. 인간이 안다는 것은 인간의 제한된 능력 안에서 안다는 것이니까 결국 앎은 완전하지도 그렇다고 절대적이지도 않아. 만일 완전하고 절대적인 앎이 있다면 그것은 자연 자체일 뿐이야. 인간이 염색체를 다 알고 유전자 지도를 완성했다고 해도 그것은 역시 제한된 불완전한 것이야. 체세포를 복제해서 양이나 소를 만들어도 그것은 자연적인 것이 아니고 역시 괴물일 수밖에 없어."

"나도 전적으로 동감이야. 줄기세포를 배양해서 장기를 만들어 이식한다고 해도 그렇게 만든 간이나 폐가 제대로 기능을 발휘할 수 없는 것은 뻔해. 짐승복제는 물론이고 인간복제는 인간이 신의 위치를 빼앗는 어리석은 짓이야."

## 인간은 윤리적인 존재이다

우리들은 공상과학 영화에서 프랑켄슈타인이나 사이보그 등 인조인간을 접할 수 있다. 생명공학에서 가장 뜨거운 논란의 대상이 되는 장기복제나 인간복제는 물론 긍정적인 면도 있지만 오히려 부정적 측면이 훨씬 더 많은 것이 사실이다. 남녀가 만나서 사귀고 아기를 임신하고 출산하기까지는 엄청난 노력과 인내와 사랑이 필요하다. 그러한 자연의 오묘한 과정이 생략되고 생명공학의 첨단 테크닉에 의해서 복제인간이 출생한다면 그 인간은 과연 주체적 인격을 소유할 수 있을까? 만일 똑같은 복제인간이 수없이 태어난다면, 그 때 인간세상은 어떻게 될 것인가?

줄기세포 조작에 의한 장기배양도 역시 문제가 심각하기는 마찬가지이다. 간이나 폐 등 장기만 배양한다고 해도 결국 체세포를 이용하는 것은 본질적으로 인간의 생명을 단순히 수단으로 사용하는 것이 아닌가? 이제 우리는 근본적으로 생명의 고귀함이 어떤 것인지 깊이 통찰하지 않으면 안 되는 시점에 와 있다.

의미 있고 가치 있는 삶이 무엇인지 깊이 생각함으로써 우리들은 생명과학이나 디지털 문명의 방향을 조종하고 속도를 통제할 수 있을 때 비로소 인간다운 삶에 좀더 가까이 다가갈 수 있을 것이다.

# 가족이란 무엇인가?

## 즐거운 가정

　일찍이 그리스의 철학자 아리스토텔레스(기원전 384~322)는 인간을 가리켜서 '정치적 동물'이라고 말하였다. 인간을 정치적 동물이라고 하는 것은 바로 인간을 사회적 동물이라고 부르는 것과 같다. 그런데 사회의 근본은 무엇인가? 그것은 다름 아닌 가정이다. 가정을 이루는 구성원들은 가족이다.

　얼마 전까지만 해도 우리 나라에서 대부분의 가족은 대가족 제도를 지니고 있었다. 가정은 3대나 2대가 한 집에 모여서 서로 도와가며 함께 살아가는 것이 보통이었다.

　그러나 자본주의와 기계문명, 소위 서방의 물결이 거세게 밀려오기 시작하면서 대가족 제도는 어느새 무너지고 핵가족 시대를 맞이하였다. 그러나 지금은 핵가족마저 무너지려고 하는 실정이다.

　농경사회에서는 작은 논과 밭을 함께 가꿀 많은 가족의 일손이 필요했으므로 자연히 대가족 제도가 필요하였다. 또한 농사일에 경험과 지식이 가장 많은 노인이 어른으로 모셔졌으며 가부장(家父長)제도가 자연스러운 것이었다. 그렇지만 자본주의, 기계문명 그리고 개인주의가 함께 들어오면서 대가족 제도는 매우 빠른 속도로 무너지고 핵가족 제도가 자리잡게 되었다.

복잡하고 힘든 사회에 적응하기 위해서 그리고 삶을 가능한 한 즐기기 위해서 또한 경제적 빈곤을 피하기 위해서 갓 결혼한 부부는 자식을 하나나 둘만 낳기로 미리부터 의논한다. 맞벌이 부부는 직장생활에 바빠서 부부끼리는 물론이고 자녀들과도 대화할 시간조차 거의 없다. 사실 현대인의 삶은 너무 고달프고 힘들다.

어떤 사람은 이렇게 말한다.

"내가 살아 있는지 죽었는지 생각할 여유조차 없어요. 가정요? 소중하지요. 그렇지만 톱니바퀴처럼 돌아가는 직장생활에 매이다 보면 아내나 자식에게 신경 쓸 틈이 없어요."

어떤 학생은 또 이렇게 말한다.

"우리 엄마와 아빠는 모두 회사에 다니세요. 우리 집은 한마디로 피곤한 집이에요. 대화요? 모두가 바쁘니까 꼭 할 말만 하지요. 엄마와 아빠는 회사일에 바빠서 피곤하고 저는 학교공부와 학원공부 때문에 피곤해요."

핵가족마저 붕괴되어 가고 있는 것이 요즘의 실정이다. 가정은 가정이라고 해도 형식적으로만 가정이고 부부의 대화와 사랑이 메마르고 부모와 자식간의 애정이 희박해진 가정의 가족은 이미 가족의 해체를 뜻한다. 많은 현대 사상가들은 현대인의 특징을 일컬어 인간성 상실, 소외, 부조리 등으로 불렀다.

지금 우리는 21세기 정보와 기술의 시대를 살아가고 있다. 모든 젊은이들은 정보와 기술의 바다에 떠 있으며, 대부분이 인터넷을 사용할 줄 알고 벤처기업에 큰 관심을 가지고 있다. 젊은이들은 컴퓨터 앞에 앉아 현실세계와 사이버(가상)세계를 구분하지 않고 자기 자신을 망각한다. 오히려 무한한 가능성과 즐거움을 제공해주는 사이버 공간에 푹 빠져서 자신을 잊으려고 하는 젊은이들이 더 많다.

나는 현대의 특징을 디지털 사이버 정보-기술이라고 부른다. 이 말을 역설적으로 음미하면 그것은 바로 인간성 상실을 뜻한다. 디지털 사이버 정보-기술의 바탕 역시 기계이다. 기계는 효용성과 직결된다. 인간은 기계를 사용해서 더 편하게, 더 빠르게, 더 많이 물건이나 정보를 조작하고 산출하려고 한다. 그렇다면 기계는 사람 됨됨이 곧 인격과는 별로 관계가 없고 인간의 본능적 욕구를 충족시키는 데 공헌한다고 말할 수 있다.

이러한 시점에서 우리들은 과연 인간이 무엇인지 그리고 가정과 가족이 무엇인지 되묻지 않으면 안 된다. 인간이란 느끼고 말하며 생각하는 존재이다. 자신의 존재를 확인할 줄 모르는 인간이 있다면 그 사람은 이미 인간이기를 포기한 것이나 마찬가지이다.

성경이나 불경에서 탕자의 비유를 읽을 수 있다. 말썽꾸러기 자식이 집에서 아버지 속을 썩이다 못해 아버지 돈을 훔쳐서 가출한다. 자식은 흥청망청 물 쓰듯 돈을 쓰고 얼마 안 가서 돈은 다 떨어지고 돈 때문에 모였던 친구들도 다 떠나가 버렸다. 거지생활을 하던 자식은 여기저기 떠돌다 아버지 집으로 돌아오게 된다. 자식과 아버지는 결국 즐거운 가정의 의미를 깨닫게 된다.

가정은 마치 고행과도 같은 것이다. 명절 때 고향을 찾아가는 사람들은 온갖 번거로움에도 불구하고 한사코 고향으로 달려간다. 그들은 왜 고향을 찾을까? 사람들은 부모의 따스한 눈길과 말소리를 맛보기 위해서 고향으로 달려간다. 사람들은 어머니의 포근한 젖가슴을 더듬기 위해서 고향을 찾는다. 사람들은 자신의 내면 깊숙이 자리잡고 있는 사람 됨됨이(인격)를 되찾기 위해서 고향으로 달려간다.

가정과 가족이 없으면 나의 존재도 무의미하다. 그럼에도 불구하고 우리들은 가정과 가족은 아랑곳하지 않고 오로지 개인중심주의의 삶에만 충실하려고 한다.


## 핵가족 시대의 특징

가정 및 가족의 본질은 사랑이다. 만일 가족들 사이에 사랑이 없다면 그러한 가족은 이미 해체되어 버린 가족이다. 현대 철학자들 중 대표적인 철학자 가운데 한 사람인 마르크스(1818~1883)는 물론이고 키에르케고르(1813~1855)나 니체(1844~1900)는 모두 현대인의 특징을 인간성 상실로 보고 있다.

우리들 주변을 한번만이라도 냉정하게 되돌아보자. 자식 있는 노인이 양로원에 들어와 있는데 자식은 늙은 어머니를 찾아오지 않는다. 어떤 노인은 눈물을 흘리면서 탄식한다.

"자식이 둘이나 있지만 자기들 살기에 바빠요. 자식과 손자들이 보고 싶지만 자식들이 늙은 나를 귀찮아해요. 나는 자식들이 어디 사는지 모르니까 찾아갈 수도 없어요."

더 심한 경우에는 자식이 늙은 아버지를 집에서 아주 멀리 떨어진 길거리에 버리고 가는 경우도 있다. 물론 자식은 자기 한 몸 살아가기에도 여유가 없으니까 눈물을 머금고 아버지를 길거리에 버리겠지만 적어도 옛날 대가족 시대에는 그런 일이 있을 수 없었다.

물질문명 및 자본주의와 함께 핵가족 제도가 정착하면서부터 물질문명과 자본주의의 부정적 측면들이 특히 우리들에게 두드러지게 나타나게 되었다. 오순도순 서로 정을 주고받으며 살아가는 대신 각자가 최대한 자신의 욕망을 충족시키려는 이기주의의 노예가 되어 버렸다.

최근 부부의 이혼율이 부쩍 늘었다. 상대방으로부터 인간적인 대접을 받지 못하기 때문에 이혼하는 경우도 있지만 근본적으로는 사랑이 메말랐기 때문에 이혼율이 갑자기 증가했다고 볼 수도 있다. 아내와 남편이 각자 자기중심적인 이기주의에 빠지게 되면 더 이상 사랑은 힘을 잃고 만다.

부모가 이혼했을 때 자식이 겪는 고통은 얼마나 클까? 현대 정신분석학의 시조인 프로이트(1856~1939)에 의하면 사랑(Eros)은 바로 생명의 근본적인 힘이다. 또한 어린아이 시절에 부모의 사랑을 듬뿍 받고 자란 사람은 커서 남들에게 사랑을 베풀 줄 안다고 한다. 그렇지만 제대로 사랑 받지 못하고 큰 아이는 커서 냉정한 인간으로 된다고 한다.

현대 심리학자들 중 원숭이를 실험대상으로 택한 사람도 있다. 한 새끼원숭이에게는 쇠로 된 젖병에 찬 우유를 넣어 마시게 하였다. 또 다른 새끼 원숭이에게는 말랑말랑한 고무젖병에 따뜻한 우유를 넣어 마시게 하였다. 두 원숭이가 성장했을 때 각각의 행동은 어떠했을까? 결과는 너무나도 뻔하다. 찬 젖병을 빨고 자란 원숭이는 행동이 거칠었고 이기적이었다. 따뜻한 젖병을 빨고 자란 원숭이는 차분했으며 다른 원숭이를 배려할 줄 알았다. 핵가족 시대의 인간은 가정과 가족이 파괴되고 해체된 상황에서 오로지 자기 자신의 이익만을 추구하는 이기적 인간상으로 나타나고 있다. 그러면 사람의 됨됨이를 회복할 수 있는 훈훈하고 따뜻한 가정과 가족을 되찾기 위해서는 어떤 방법이 있을 수 있는가?

우선 문제의식이 있어야만 한다. 왜 가족이 이렇게 삭막하게 되었으며, 가족들 각자는 어떤 이유 때문에 자기 중심적이며 이기적으로 되었는지를 철저히 캐어물을 수 있는 문제의식을 가지지 않는 한 바람직한 가정과 가족을 세울 수 없다. 다음으로 바람직한 가족상을 만들기 위한 현실적인 대안 내지 문제해결책이 제시되지 않으면 안된다. 현실적인 대안의 첫걸음은 가족들간의 잦은 만남이다. 자주 만나다 보면 가족간의 대화가 이루어질 수 있고 대화하다 보면 문제의식이 분명해지고 따라서 문제의 해결책도 제시될 것이다.

개인이 공동체를 의식하고 공동체 안에서 자기 주장을 펼칠 때 개인과 공동체는 긍정적으로 발전할 수 있다. 마찬가지로 가족 구성원도 가족을 의식하고 가족 안에서 자기 자신을 주장할 때 비로소 바람직한 인간상을 만들어 갈 수 있다.

# 윤리적 존재와 사랑

나는 여기에서 덴마크의 실존주의 철학자 키에르케고르와 독일의 관념론 철학자 헤겔(1770~1831)의 가정에 대한 이론을 잠깐 소개하면서 가정과 가족의 참다운 의미를 되새겨 보려고 한다.

키에르케고르는 자신의 삶을 스스로 결단하는 인간존재를 일컬어 실존이라고 부르며 실존의 종류를 세 가지로 나누어 본다. 세 가지 실존은 각각 미적 실존, 윤리적 실존 및 종교적 실존이다.

미적 실존은 쾌락과 아름다움을 추구하는 인간존재이다. 그러나 키에르케고르가 보기에 쾌락이나 아름다움은 순간적인 것이므로 곧 사라지고 만다. 미적 실존은 끊임없이 새로운 쾌락과 아름다움에 매달린다. 미적 실존을 뛰어넘으면 윤리적 실존이 있다.

남녀관계에서 흔히 나타나는 것이 미적 실존이라고 한다면 윤리적 실존은 가정의 가족관계에서 나타난다. 가족들은 사랑과 협력으로 뭉쳐져 있다. 그렇지만 윤리적 실존 역시 한계가 있다. 왜냐하면 윤리적 실존은 가정의 테두리를 벗어난 무한한 사랑을 모르기 때문이다. 키에르케고르에 의하면 미적 실존이나 윤리적 실존의 한계는 삶의 무의미함, 곧 죽음에 이르는 병이 아닐 수 없다. 이제 윤리적 실존도 뛰어넘지 않으면 안 된다.

윤리적 실존을 뛰어넘은 것이 바로 종교적 실존이다. 종교적 실존에서 인간은 무한한 신의 품에 안겨서 신에 대한 신앙심을 충족시킬 수 있다. 키에르케고르는 한계를 뛰어넘는 것을 비약이라고 부른다. 그러므로 그의 실존사상은 비약의 실존주의라고 부를 수 있다. 키에르케고르에 의하면 가정은 미적 실존을 비약한 단계이고 종교적 실존으로 비약하기 위한 중간적 실존의 과정에 해당한다.

헤겔은 그의 《법철학》에서 법이 성립하는 장소를 국가로 본다. 그렇지만 국가가 성립할 수 있는 가장 기본적인 단계는 가정이다. 그렇다면 헤겔에게 있어서 세계의 가장 근원적인 법적, 정치적 단위는 가정인 셈이다. 부모와 자식으로 구성되는 가정의 윤리는 사랑이다. 가정이 발전해서 사회가 형성되며 사회의 윤리는 협력이다. 사회가 발전하여 국가가 성립하고 국가의 윤리는 바로 법이다.

키에르케고르나 헤겔 모두에게 있어서 현실 세계에서 인간조직의 가장 기본적인 단위는 가정이다. 특히 헤겔에 의하면 가정은 국가의 법이 성립할 수 있는 근원적인 토대이다. 오늘날에도 우리들은 가정과 가족이 무시되고 해체된다면, 키에르케고르나 헤겔의 사상에서 알 수 있는 것처럼, 도덕이나 윤리 그리고 법도 무의미해질 뿐만 아니라 인간성마저 상실하게 된다는 사실을 잘 알 수 있다.


## 오늘에 되새겨 보는 가족의 의미


확실히 현대인은 자기 자신을 상실한 삶 곧 소외된 삶을 살아가고 있다. 인간성을 상실한 인간은 어짊, 부끄러움, 사양함, 앎 등의 기준마저 잃어버린 존재이다. 일찍이 유교에서도 인간의 본성을 일컬어 인(仁), 의(義), 예(禮), 지(知)라고 했지만 현대인은 가족마저 상실하고 자신의 본성마저 잃어버린 것 같다.

우리들 모든 인간에게는 인간본성의 회복이 시급하다. 인간성을 되찾기 위해서는 사랑과 정의 고향인 가정과 가족을 되찾고 되살리지 않으면 안 된다.

가정과 가족은 우리들 인간의 고향이며 어머니의 품이다. 고향과 어머니의 품을 망각한 인간은 끊임없이 사막을 방황하는 떠돌이 신세를 면할 수 없다.

# 자아란 무엇인가?

## 영혼과 자아

사람이면 누구나 자아(나)를 지키려고 한다. 나는 남과의 경쟁에서 이기려고 하고, 많은 사람들 사이에서 나를 돋보이게 하고자 하며, 남들이 나를 무시하면 분노를 나타내거나 반항함으로써 나를 내세우려고 한다.

나는 남들과 함께 우리들을 이룬다. 그런데 나는 과연 무엇일까? 세상을 살아가는 의미가 없다고 생각될 때 10대는 물론이고 성인들도 가끔 나에 관해서 여러 가지 물음을 스스로 던진다.

"나는 정말 우리 부모님의 자식일까? 나는 어렸을 때 부모님이 어디서 주워 온 아이가 아닐까? 내가 친자식이라면 부모님이 형이나 동생보다 나를 특별히 차별하지 않을 것이 아닌가?"

"도대체 나는 누구일까? 부모에게서 유전적으로 물려받은 신체와 성격이 있을테고 성장하면서 신체와 성격도 변하고 그것들에 첨가된 여러 요소들이 함께 합해져서 내가 되었을 텐데……. 사람들은 모두 나를 주장하면서 그 확실치도 않은 나를 주장하기 위해서 별의별 행동을 다 하는 것이 아닌가?"

17세기 근대 합리론 철학자들 곧 데카르트, 스피노자, 라이프니츠 등은 자아의 존재를 확고하게 믿었다. 데카르트는 '방법론적 회의'를 통해서 명확하고도 분명한 관념으로서의 자아를 증명하였다고 믿었다. 우선 꿈이 의심의 대상이 된다. 꿈은 필연성과 보편성이 없다. 원하던 것이 물거품이 되어 버렸을 때 우리들은 백일몽과도 같다는 말을 한다. 또는 한낱 꿈에 불과했다고도 말한다. 꿈은 확실치도 않거니와 현실적인 것도 아니다.

다음으로 데카르트는 감각대상을 의심하였다. 예컨대 장미꽃의 붉은 색깔은 아침, 점심, 저녁 다르게 변한다. 단맛도 내 몸의 상태에 따라서 더 달게, 아니면 덜 달게 느껴진다. 감각도 믿을만한 것이 되지 못한다. 세 번째로 데카르트는 수학도 의심한다. 예컨대 $5+7=13$일 수도 있는데 사악한 신이 있어서 모든 사람들에게 $5+7=12$라고 믿게 하는지도 모른다는 것이다.

결국 데카르트는 모든 것을 의심하지 않을 수 없다. 그러나 의심하기 위해서는 의심하는 자가 있어야만 한다는 사실은 더 이상 의심할 수 없는 것으로 드러난다. 그래서 데카르트는 다음처럼 말한다.

"나는 생각한다. 그러므로 나는 존재한다."

의심하기 위해서는 의심하는 자가 있어야 하는데 의심한다는 것은 생각하는 것이고 따라서 생각하는 자가 있다는 것은 명백하다.

데카르트의 자아는 플라톤, 아리스토텔레스 그리고 중세 기독교 사상을 바탕으로 하고 있다. 그의 자아는 이성적 자아이며 이성은 바로 불변하는 영혼에 해당한다.


## 자아의 해체

19세기 말, 20세기 초반에 이르러 자아의 해체현상이 두드러지게 나타나기 시작한다. 니체(1844~1900)는 지성중심주의의 합리주의철학을 퇴폐 내지 허무주의로 규정하였다. 니체는 이성이 아니라 직관과 정서를 본질적인 힘으로 소유한 인간주체를 주장하였다. 그는 종래의 자아 대신에 생동하는 인간주체를 제시하려고 하였다.

프로이트에 이르러 근대 합리론 철학의 자아는 완전히 해체된다. 프로이트의 정신분석학에서 자아는 역동적 심리과정의 한 요소에 지나지 않는다. 인간 개체는 하나의 전체적인 역동적 심리과정을 가진다. 성적 충동(리비도: Libido 또는 이드: id)은 원초아이고, 유아기 부모의 도덕적 교훈은 초자아이다. 초자아는 자아의 뒷전에 숨어서 자아를 명령하면서 자아로 하여금 원초아의 욕구를 억압하도록 한다.

프로이트에게 있어서 의식된 자아(나)는 심리과정의 껍질이자 표면에 지나지 않는다. 한 개체의 심리과정의 원동력은 원초아이다. 자아는 가면과도 같다. 한 인간의 참다운 모습은 가면 뒤에 숨어있는 얼굴이다. 이 얼굴이 바로 원초아에 해당한다고 말할 수 있다. 말하자면 원초아는 한 개인의 감추어진 커다란 빙산 덩어리에 그리고 자아는 물위로 나온 빙산의 극히 작은 한 부분에 해당한다고 할 수 있다.

## 자아는 상징이다

인간이란 매우 복잡한 존재이다. 다른 모든 동물은 본능적으로 살아간다. 인간도 동물이므로 본능적으로 살아가지만 인간은 본능 이외에 사고하는 능력을 가지고 있다. 인간은 나에게도 자아가 있고 타인에게도 자아가 있다고 상상하며, 더 나아가서 자아의 성질과 형태를 상징한다.

카시러와 같은 현대 독일철학자는 문화 자체를 상징으로 보았다. 프랑스의 현대 정신분석학자 라캉에 의하면 우리들은 참다운 대상은 결코 알 수 없다. 우리들 인간은 상상에 의해서 알고 상징에 의해 생각한다. 우리들은 현실세계를 살고 있지만 현실세계 자체를 알지 못하고 상상과 상징에 의해서 대상을 알고 생각한다. 즉 자아 자체 내지 참다운 자아를 우리는 알 수 없다.

# 자아는 행동방식이자 사고방식이다

융(1875~1961)과 같은 현대 정신분석학자는 자아 대신 자기라는 개념을 사용한다. 융은 프로이트와 마찬가지로 우리가 의식하는 나(자아)는 인간 각자가 소유한 자기의 한 부분에 지나지 않는다고 본다. 집단 무의식과 개인 무의식 그리고 자아가 합해서 자기를 형성한다. 자기를 형성하는 세 가지 요소들은 다음과 같다.

집단 무의식: 원시형(原始型)이라고도 하며 태양, 달 등에 대한 숭배와 뱀과 같이 긴 것에 대한 두려움. 집단 무의식은 태고적부터 집단적으로 전해져 내려온다.

개인 무의식: 우리들에게 익숙해진 행동이나 기술이지만 우리들은 보통 그것들을 의식하지 못하고 있다.

자아: 각자가 의식하는 지각, 기억, 사고, 판단, 감정 등. 프로이트와 융 이후 자아는 더 이상 고정불변하는 것이 아니다.

소위 나라는 것은 역동적이며 수시로 변화하는 인간 개체의 행동방식이자 사고방식이다. 그러면 이러한 자아가 어떻게 인간의 주체성을 가질 수 있는가가 문제이다. 자아의 자발성과 창조성을 인정한다면 우리들은 자아의 주체성도 인정할 수 있다. 자아의 자발성, 창조성, 주체성 등은 인류역사를 통해서 수없이 많은 증거를 찾을 수 있다.

# 이 세상에서 가장 소중한 사람

## 소중한 내 가족

이 세상에서 가장 귀중한 것이 무엇이냐고 물으면 사람들은 저마다 각양각색으로 답할 것이다.

"이 세상에서 가장 귀중한 것은 뭐니 뭐니 해도 솔직히 말해서 돈이 아니겠어? 사람들은 보통 때는 생명이 가장 중요하다느니, 남편이 가장 중요하다느니, 여러 가지 말들을 하지만 결국 따지고 보면 중요한 것은 돈이야. 산 입에 거미줄을 치지 않으려면 우선 돈이 있어야 하니까. 비행기나 자동차 사고가 났을 때 보험금을 가지고 다투는 것이나 이혼하면서 위자료 액수 가지고 싸우는 것을 보면 돈이 얼마나 중요한지 알수 있어. 사람들은 말로는 돈 그 까짓 것 하지만 속으로는 다 그렇지 않아."

"이 세상에서 가장 중요한 것은 자연이야. 자연이 훼손되면 모든 것이 끝장이라니까. 자연을 잘 가꾸면 모든 생물들이 조화롭게 살 수 있어. 자연보다 더 귀중한 것은 없어."

"가장 중요한 존재는 부모님이야. 부모님이 없었다면 나도 이 세상에 태어나지 않았을 거야. 살아 생전 부모님께 효도하라는 게 다 빈 말이 아니야."

개똥도 약에 쓰려면 없다는 말이 있듯이 소중하다고 치면 세상만물 중 소중하지 않은 것이 하나도 없다. 해충으로만 알려져 있는 모기까지도 자연생태계에서는 없으면 안 되는 존재이다. 암모기는 산란을 위해서 동물의 피를 빨아먹지만 숫모기는 식물의 꿀을 빨아먹는다. 따라서 모기가 없어지면 곡식이나 과일이 제대로 여물지 못한다고 한다.

일반적으로 우리는 이 세상에서 누가 가장 소중하냐고 물으면, 가족이 소중하다고 답하며 그 중에서도 부모님이 가장 소중하다고 말한다. 나는 부모님 때문에 세상에 태어났지만, 부모님 가운데서도 직접 열 달 동안 임신의 고통을 견디다가 나를 출산한 어머니를 우리들은 가장 소중하게 생각한다. 나를 직접 출산하고 키워 준 어머니의 은혜는 노래에 있는 것처럼 하늘보다도 그리고 바다보다도 더 넓고 깊은 것이 사실이다.

가족의 소중함은 누구나 잘 알고 있기 때문에 일상생활에서는 잊고 살기 쉽다. 부모가 있기 때문에 내가 있고 또 형제, 자매는 한 핏줄이므로 어떤 다른 사람들보다도 끈끈한 관계를 가질 수밖에 없다. 우리들이 '즐거운 가족', '화목한 가족'을 자주 되뇌이는 것은 그만큼 가족이 소중하기 때문이다.

## 나의 일이 소중하다

대부분의 사람들은 적당히 일하고, 적당히 즐기며, 적당히 지루함을 느끼면서 살아가고 있다. 그런데 어떤 사람들은 완전히 자신이 하는 일과 하나가 되어 소중한 것은 일밖에 없는 것처럼 일생을 살아간다.

"독일 철학자 칸트의 일생은 참으로 단조로운 것이었어. 일생동안 연구밖엔 몰랐어. 그가 아침 8시에 산책길에 나서면 동네 사람들이 시계를 맞추었다니까. 일생동안 쾨닉스베르크를 하루도 떠나지 않고 오직 연구만 했다는 거야. 칸트에게 소중한 것이란 연구 이외에 다른 것은 있을 수 없었어."

"레오나르도 다빈치는 그림과 결혼한 사람 같아. 일생동안 연애도, 결혼도 하지 않고 화폭과 성당 벽에 그림을 그리고 또 그렸어. 그에게 소중한 것은 그림밖에 다른 것이 없었어."

"저 여학생은 정상이 아닌 것 같아. 집에 오기만 하면 강아지를 보물단지 다루듯 한다니까. 누가 강아지에게 욕이라도 하면 난리치는데 차마 눈뜨고 볼 수 없어. 강아지를 핥고 쓰다듬는 것은 정말 끔찍해. 저 아이는 부모나 형제보다 강아지가 최고야."

인간은 주체적 인격체로서 누구나 고유한 개성이 있다. 개성에 따라서 인간은 누구나 자신이 소중하다고 여기는 것을 평가하고 선택할 권리가 있다. 많은 사람들은 일을 소중하게 여기고 일에 열중한다. 그러나 어떤 사람은 일에 노예가 되어 오히려 자기 자신을 잃기도 한다. 이는 마치 돈의 노예가 되어 인간성을 상실하는 경우와 비슷하다.

## 수단과 목적

우리들이 '가장 소중한 것'이라고 할 때 가장 소중한 것은 어디까지나 목적이어야만 하고 수단이 되어서는 안 된다. 사람들이 가장 필요하면서도 소중한 것을 돈이라고 주장한다. 사람들은 돈에 울고 돈에 웃는다. 돈 때문에 사기, 강도, 살인 등이 저질러진다. 그러나 돈은 잘먹고 잘살기 위한 수단이다. 돈은 어디까지나 행복을 위한 수단에 지나지 않는다. 돈이 행복을 대신하는 삶의 목적이라고 생각할 때 불행이 싹트기 시작한다. 일이나 권력 또는 명예 역시 수단에 불과하다.

불경이나 성경에 똑같이 '돌아온 탕자의 이야기'가 나온다. 돈을 훔쳐서 집을 떠나 흥청망청 쓰다가 결국 거지가 되고 세월이 흐른다. 오랜 세월이 지나 아버지 집에 돌아왔을 때 따뜻하게 맞이하는 아버지의 인간성 앞에 탕자는 눈물을 감출 수 없다. 자신을 소홀히 하고 멋대로 살아온 삶이 후회스러운 것이다.


## 나의 소중함

독일의 관념론 철학자 셸링(1775~1854)은 《예술철학》에서 다음처럼 말한다.

"여러분, 누가 시인인가? 여러분 각자, 바로 인간 각자가 시인이다."

우리들은 이기주의적 사랑과 자기애를 구분하지 않으면 안 된다. 이기주의적 사랑은 인간에 대한 사랑과는 상관없이 오직 자기 자신의 이익에만 눈이 어두운 사랑이다. 그러나 자기애는 바로 인간 자체에 대한 사랑이며 휴머니즘이다.

이 세상에서 사장 소중한 사람은 바로 나 자신이다. 나 자신을 알고 사랑할 때 인간은 남을 나 자신과 마찬가지로 삶의 목적으로 여길 수 있다. 등잔 밑이 어둡다는 말이 있듯이, 이 세상에서 가장 소중한 사람이 바로 나 자신임에도 불구하고 우리들은 그 사실을 까마득히 잊고 있다.

사랑의 힘

# 아름다운 성

## 성이란 무엇인가?

　영국의 철학자 베이컨은 "아는 것이 힘이다"라고 말함으로써 우선 참다운 지식에 의해서 인간과 자연이 무엇인지를 밝히려고 하였다. 다음으로 그는 개별 사물을 하나하나 관찰한 후 보편원리를 세우는 귀납법을 사용해서 자연을 탐구하고 나아가서 자연을 이용하려고 하였다.

　만일 우리들이 어떤 대상에 대해서 전혀 알지 못하거나 또는 잘못 알 경우 우리는 그 대상을 이용할 수 없을 뿐만 아니라 그것을 잘못 사용하여 오히려 해로운 결과를 불러올 수 있다. 어떤 대상의 장점만 알고 단점을 제대로 알지 못하여 결과적으로 인류의 삶에 엄청난 피해를 가져온 예는 수없이 많다. 항생제의 발명은 모든 질병을 퇴치할 수 있는 혁명적인 것이었다. 그러나 항생제를 지나치게 사용하거나 잘못 사용할 경우 그 결과가 치명적이라는 사실은 이미 밝혀졌다. 원자력발전은 수력발전과 화력발전을 대치하는 획기적인 에너지의 원천으로 믿어져 왔다. 그러나 체르노빌의 방사능 누출사건을 비롯해서 자칫 잘못하면 엄청난 피해를 가져오는 방사능 사건들은 생각만 해도 끔찍한 것이다.

성과 사랑도 마찬가지이다. 어려서부터 성과 사랑에 대해서 제대로 알 때 비로소 우리들은 아름다운 성과 사랑을 키워 나갈 수 있다. 성과 사랑을 제대로 알지 못한 채 자기 멋대로 성과 사랑을 대할 경우, 우리들 인간은 극도의 혼란에 빠지고 말 것이다. 심한 경우 에이즈의 피해자가 될 수 있으며, 정신적으로도 치료할 수 없는 폐인이 될 수 있다.

성(sex)은 얼핏 생각하기에 매우 간단하고 명확한 말 같지만 사실은 매우 포괄적이며 복잡한 개념이다. 우선 성이란 자연적 사실이다. 인간은 누구나 남성 아니면 여성이다. 동식물도 모두 암컷이거나 수컷이며 드문 경우지만 양성인 것들도 있다.

성은 암, 수를 기본적으로 말하며 동시에 성과 관련된 성적 개념들도 포함한다. 예를 들어 성욕, 성감, 성적 쾌락, 성행위, 성적 흥분, 성적 만족 등이 그러한 개념들이다. 최근에는 성과 관련된 개념들의 수가 더 많아졌다. 예컨대 성적 학대, 강간, 간통, 성도착, 매춘, 포르노그라피, 피임 등 역시 성과 연관된 개념들이다. 성을 올바르게 이해하기 위해서는 성의 기본개념은 물론이고 성에 연관된 개념들을 옳게 파악하지 않으면 안 된다.

# 성의 성숙과정

성이 무엇인지를 알기 위한 가장 빠른 방법 중의 하나는 성의 성숙과정을 살피는 것이다. 나는 여기에서 오스트리아의 정신분석학자 프로이트(1856~1939)의 성발달 이론을 간략하게 소개하고자 한다.

프로이트에 의하면 인간의 성의 발달단계는 구강기, 항문기, 성기기, 잠복기, 생식기의 단계를 거친다. 우리들은 성(sex)이라고 할 때 흔히 남성과 여성 그리고 남녀의 성행위만 생각하기 쉽다. 그러나 프로이트는 남성과 여성보다 오히려 삶의 근원적인 충동 곧 성충동을 주목한다. 성충동은 원천적인 삶의 힘이자 에너지이다. 성충동을 바탕으로 삼아 비로소 남성과 여성의 구분이 의미를 가지며 남녀의 성관계도 설명될 수 있다.

구강기는 출생 후 1년에 해당하며 아기들은 입술이나 입에 자극을 받을 때 쾌감을 느낀다. 그래서 아기들은 입에 닿는 것은 모두 빨려고 한다. 항문기는 출생 후 2년과 3년에 해당한다. 이 때 아이들의 성충동은 온통 항문에 몰려 있다. 아이들은 배설할 때 항문에서 쾌감을 얻는다. 성기기는 네 살과 다섯 살의 시기에 해당한다. 아이들은 자신의 성기에 집중된다. 그렇지만 성기기에 아이들은 신체적으로 아직 덜 성숙했기 때문에 성행위는 할 수 없다.

잠복기는 일곱 살부터 열 한 살까지의 시기에 해당한다. 이 시기의 아이들은 성기에 대한 흥분을 별로 느끼지 못한다. 인간 이외의 다른 동물들은 아예 잠복기가 없거나 있다고 해도 매우 짧기 때문에 성기기에 도달하면 성행위를 한다.

그러나 인간은 오랜 역사를 통해서 매우 복잡한 사회를 형성하여 왔으므로 잠복기를 통해서 소년, 소녀들은 사회에 적응하는 훈련을 거쳐야만 한다. 아이들은 사회의 가치, 문화, 생활방식, 행위의 규범을 비롯해서 성역활 등을 하나씩 배워 나간다.

생식기는 열 두 살 이후의 사춘기를 일컫는다. 오랜 잠복기가 지난 후 사춘기의 청소년은 신체적으로 놀랄만한 성장을 맞이한다. 일 년에 키가 10cm씩 크며 성기는 물론이고 신체 전체에서 성적 쾌감을 느낄 수 있게 된다.

우선 청소년은 자신의 신체를 사랑하는 나르시즘(자기애)에 빠져 자위행위에 몰두한다. 그렇지만 차츰 타인과 이성에게 눈을 돌리게 됨으로써 청소년은 자신을 사랑하기보다 오히려 남을 사랑하고 이성과 접촉함으로써 성적 쾌감을 얻으려고 한다.

프로이트는 신체발달과 성발달을 나란히 놓고 있는데 이러한 입장은 생물학적인 관점이다. 생물학적 성발달 과정은 인간에게 있어서도 기본적이다. 그러나 프로이트가 성발달과 사랑의 발달을 병행하는 것으로 본 것은 문제가 많다. 왜냐하면 사랑이 성적 사랑을 포함한다고 할지라도 인간의 사랑이란 그렇게 간단한 성격의 것이 아니기 때문이다.

어떤 사람이 그림을 사랑하거나 음악을 사랑하는 것 역시 성충동을 바탕으로 삼은 것이라고 할지라도 예술적 사랑은 결코 생물학적 사랑일 수 없다. 비록 우리들이 인간의 성발달 단계를 프로이트의 관점에서 보는 것을 기본으로 여긴다고 해도 우리들은 거기에다 사회적, 문화적, 정신적인 요소들 역시 인간의 성발달에 크나 큰 영향을 미친다는 것을 잊어서는 안 될 것이다.

한 인간은 인격주체일 때만 바람직한 삶을 이끌어 나갈 수 있다. 만일 어떤 청소년이 단지 생물학적으로만 성적으로 성숙하여 모든 것을 외면하고 성행위에만 몰두한다면 그는 인격적인 삶을 이끌어 나갈 수 없다. 한 인간이 참답게 성적으로 성숙하기 위해서는 생물학적으로만 성숙할 것이 아니라 사회, 문화, 정신적으로도 역시 성숙한 인격주체가 되지 않으면 안 된다.


## 남녀 차별은 정당한가?

동서양을 막론하고 최근까지 남성과 여성의 사회적 지위는 차별적이었다. 생물학적으로도 여성은 남성보다 열등한 존재로 여겨져 왔다. '남녀 칠세 부동석', '남자는 하늘이고 여자는 땅이다', '칠거지악과 삼종지도', '부부유별' 등은 모두 직접 또는 간접적으로 남녀 차별과 함께 남존여비를 대변하는 표현들이었다.

'남녀 칠세 부동석'이란 남자와 여자는 일곱 살이 되면 자리를 같이 해서는 안 된다는 말이다. 남자와 여자는 성적으로도 다르며 할 일도 전적으로 차이나기 때문이다. '칠거지악'이란 조선시대 때 시집온 여자가 소박당해서 시집으로부터 쫓겨나가는 일곱가지 사항이다. 결혼한 여자가 자식을 낳지 못하거나, 질투심이 많거나, 지나치게 웃거나, 시부모를 잘 모시지 못하거나 …… 할 경우 여자는 문중(門中)으로부터 쫓겨날 수밖에 없었다. 삼종지도란 어려서부터 죽을 때까지 여성들이 지켜야만 하는 도리였다. 여성은 어려서는 아버지를 섬기고 따라야 하고, 결혼해서는 남편을 하늘처럼 모시고 따라야 하며, 남편이 죽은 후에는 아들의 뜻을 따라야 한다는 것이다.

이미 오래 전에 그리스의 철학자 플라톤은 신화를 빌려 남녀평등을 암시하였다. 인간은 원래 남녀를 다 갖춘 완벽한 존재였다. 이 사실을 안 인간은 자만에 가득 차서 우쭐대었다. 인간의 오만한 태도에 기분 상한 제우스 신은 인간을 반으로 나누어 남자와 여자로 만들어 버렸다. 그 이후로 남자와 여자는 원래의 완전한 인간으로 되기 위해서 몸부림치면서 서로를 애타게 원하면서 하나로 되려고 애쓴다는 것이다.

오늘날 소위 선진국들의 경우 남자와 여자의 차이는 생리적인 차이에 지나지 않으며 남성과 여성은 가정이나 사회에서 거의 평등한 권리를 누리며 살아가고 있다. 만일 이 세상에 여성은 없고 남성만 있다면 우리의 삶은 어떤 모습일까? 반대로 세상에 남성은 없고 여성만 있다면 그런 세상은 과연 살만한 가치가 있는 세상일까? 반쪽 인간인 여성과 또 반쪽 인간인 남성이 서로 협력하면서 서로의 권리를 존중하는 평등한 자세로 살아갈 때 우리는 바람직한 남녀의 상을 세워 나갈 수 있을 것이다.

## 성행위와 포르노

우리는 성행위라고 할 때 남성과 여성의 성기 접촉을 생각하기 쉽다. 그렇지만 성행위는 매우 넓은 의미를 가진다. 넓은 의미의 성행위는 성적인 신체 부분들의 접촉이다. 남녀가 서로 바라만 보면서도 성적 쾌감을 느낄 수 있고, 서로 정담을 나누거나 손을 맞잡고 또는 다정히 팔짱 끼고 걸으면서 성적 만족을 느낄 수도 있다. 그런가 하면 남녀가 열정적으로 포옹하고 키스하면서 성적 쾌감을 느낄 수도 있고 직접 성기를 접촉함으로써 성적 만족을 얻을 수도 있다.

우리들은 성행위에 있어서 동물적 성행위와 인간적 성행위를 구분할 필요가 있다. 성행위가 성적 쾌락을 산출하는 남녀간의 행위라고 한다면 그것은 오직 생물학적 차원의 성행위이다. 동식물의 경우를 보면 치열한 생존경쟁 그리고 종족보존을 위한 본능이 성관계를 좌우한다. 그러나 인간의 성행위에 있어서는 생존경쟁과 종족보존이 기본이긴 해도 그 이외의 중요한 요소들이 있다. 바람직한 인간의 성행위에는 이성에 대한 애착뿐만 아니라 이성에 대한 배려, 관심, 이해 그리고 사랑 등이 동반되지 않으면 안 된다.

성도착증 환자의 행위, 강간, 매춘, 포르노그라피 등에서의 성적 태도 등도 넓은 의미의 성행위에 속한다. 여기에서 포르노그라피를 한 예로 선택해서 살펴보기로 하자. 빠르면 초등학생 때 그리고 늦으면 중학생 때 대부분의 청소년은 비디오나 컴퓨터 화면을 통해서 포르노그라피에 접하게 된다.

대부분의 청소년은 포르노그라피를 처음 대할 때 호기심과 흥분을 감출 수 없지만 곧 염증을 내고 포르노그라피를 멀리하게 된다. 그렇지만 극소수의 청소년은 포르노그라피에 대해서 거의 중독증세를 보인다. 계속해서 포르노그라피를 보면서 성적으로 흥분하고 그것에서 성적 쾌감을 얻는 것은 일종의 성도착증 증세이다. 왜냐하면 그것은 본능적인 성적 쾌락의 추구도 아니고 그렇다고 바람직한 인간적 성행위도 아니기 때문이다. 게다가 대부분의 포르노그라피에서 여성은 단지 남성의 성적인 도구로 등장하며 온갖 변태적인 성행위가 나열된다. 포르노그라피에 중독되다시피 하면 사회가치를 무시하게 되며 성격도 변태적으로 되어 이상성격의 소유자가 되기 쉽다.

## 성의 역할은 있는가?

우리들 모두는 여자란 예쁘고 얌전하며 집안 일을 잘해야 하고, 남자란 튼튼하고 강하며 험한 일을 헤쳐나가야 한다는 생각의 틀을 굳게 가지고 있다. 성의 역할은 있는가라는 물음에 대해서 우리들은 우선 남녀의 생리적 차이에 따른 성역할은 있다고 말할 수 있다. 즉 여성은 임신과 출산의 역할을 담당하며 남성은 정자 제공의 역할을 한다. 그렇지만 곰곰이 따져볼 때 그 이외의 남녀의 성역할의 차이를 우리는 찾아보기 힘들다.

과거 서양에서는 유목생활을 하고 잦은 전쟁을 치러야 했으므로 많은 남성들이 필요했고 여성은 일종의 출산 도구 역할을 담당하고 가정 일을 돌보아야 했다. 동양에서는 농사 일을 위해서 많은 수의 남성들이 필요했고 여성은 아들을 많이 낳도록 강요 당했으며, 집안 일을 돌보지 않으면 안 되었다. 이러한 남녀 성역할의 차이는 불변하는 자연적 성질의 것이 아니라 단지 사회의 필요에 의해서 생기고 보존되어 온 관습적인 것이었다.

　남녀가 각각 반쪽 인간으로서 평등하다는 것을 알 때 비로소 남녀 간의 사랑도 서로 배려하며 이해하는 바람직한 사랑으로 발전할 수 있을 것이다. 앎은 인내와 노력을 필요로 한다. 참고 노력하면서 나와 남의 성을 성숙시켜 갈 때 청소년은 아름다운 성과 사랑을 체험할 수 있을 것이다.

# 사랑의 힘

## 섹스와 사랑

사랑이라고 하면 10대들은 흔히 섹스를 떠올린다. 여자는 열 두 살 쯤부터 그리고 남자는 좀 늦게 열 세 살이나 열 네 살부터 사춘기에 접어든다. 일차적 성특징은 태어날 때부터 남자나 여자나 다 가지고 있다. 해부학적으로 젖먹이 때 이미 남자 아이나 여자 아이를 구분할 수 있다. 그러나 사춘기 이전까지는 특별히 남자와 여자를 구분하기 힘들다.

사춘기에 들어서면 신체성장이 빠른 속도로 진행되어 남녀의 이차 성특징이 확연히 나타나기 시작한다. 여자 아이는 젖가슴과 엉덩이가 커지면서 장차 임신과 출산을 준비한다. 남자 아이는 변성기가 찾아오고 수염과 음모가 난다. 남자 아이는 자위를 함으로써 쾌감을 느끼고 여자 아이는 월경을 시작한다. 인간은 이미 사춘기가 되면 임신하고 출산할 수 있다. 그러나 우리들은 왜 10대들의 결혼과 출산을 금지하는 것일까? 여기에는 크게 두 가지의 이유가 있다. 첫째, 10대는 아직 신체가 성장하고 있으므로 임신할 경우 정상적으로 건강한 아이를 출산하기 힘들다. 둘째, 10대는 정신적으로 그리고 사회적으로 아직 가정을 꾸리고 아이들을 돌볼 능력이 없다.

사춘기 시절은 신체가 하루하루 부쩍부쩍 성장하지만 정신의 성장이 신체의 성장을 따라가지 못한다. 사춘기 시절을 질풍노도의 시기라고 하는 것은 다 그럴만한 이유가 있다.

"나의 10대는 정말 혼란한 시기였어. 이 세상의 고민이란 고민은 모두 나 혼자 짊어진 것 같았다니까. 지금 생각해 보면 사춘기 때는 어린 아이를 그대로 간직했던 것 같아. 부모님이나 선생님이 무슨 말을 하면 꼭 쓸데 없는 간섭만 같아서 짜증밖에 나는 것이 없었단 말이야."

"나는 더했어. 가출도 몇 차례 했지. 우리 집은 뭔가 낯선 것만 같았고, 부모님은 형이나 동생 편만 들고 나만 미워한다고 생각했지 뭐야. 걸핏하면 부모님께 대들고 형제들과 다투고……. 지금 생각하면 겁없는 망아지나 강아지 같았어. 그래도 왜 청춘은 아름다워라는 말이 있잖아? 사춘기 시절이 마냥 그리운 것은 무슨 이유 때문일까?"

"꿈만 같은 중고등학교 시절이야. 길거리에서 늘씬한 여학생만 보면 다가가서 말이라도 한마디 걸고 싶었지. 집에 와서는 그 여학생을 생각하면서 가슴이 두근거리곤 했지."

"왜 그랬었는지 몰라. 뭔가 한가지 하다가도 금방 싫증내고 또 다른 일에 불같이 매달렸어. 외항선 선장을 장래 직업으로 생각했다가 며칠 지나면 신부가 되기로 굳게 결심하고 또 며칠 지나면 시인과 화가로 인생을 살겠다고 다짐하고……. 참 변덕이 심했던 젊은 시절이었지."

10대 사춘기의 젊은 남녀는 아직 정신적으로 넓고 깊은 세계를 체험하지 못하였기 때문에 생각이 단편적일 수밖에 없다. 10대들은 보통 사랑을 섹스와 연결시킨다. 어른들 역시 정신적으로 성숙하지 못한 사람들은 사랑을 성적 사랑으로 알고 음담패설을 자랑삼아 떠벌린다. 남녀 사이의 성적 사랑도 역시 사랑이긴 하지만 그것은 수없이 많은 사랑들 중의 하나에 지나지 않는다.


## 여러 가지 사랑들

조금만 생각할 줄 안다면 사랑에도 여러 가지 종류가 있다는 것을 금방 알 수 있다. 이기적으로 자기 자신만을 소중하게 생각하고 자신에게만 집착하는 나르시즘, 형제간의 사랑, 친구 사이의 사랑, 자식 사랑, 일에 대한 사랑, 자연사랑, 인류애, 종교적 사랑……. 우리는 수없이 많은 사랑을 이야기 하지만 도대체 사랑이란 무엇인가?

스위스의 심리학자이자 철학자인 삐아제나 미국의 심리학자 콜버그는 지능이나 정서가 연령에 따라서 발달하고 성숙한다고 보았다. 예컨대 인간의 도덕관은 일반적으로 관습 이전의 수준, 관습적 수준,

탈관습적 수준으로 발달한다. 관습 이전의 수준은 사춘기 이전 곧 12세 이전의 수준으로 모든 것을 자기 중심적 입장에서 평가한다. 12세 이후 사춘기에 접어들면 인간은 사회적 관습에 따라서 행동한다. 그러나 극소수의 사람들은 사회복지, 인간평등, 자연사랑, 초월적 존재에 대한 사랑 등을 생각하고 느낀다.

사랑을 넓고 깊게 보면 하나의 사랑도 여러 측면을 가지고 있다는 사실을 알 수 있다. 여기 사랑하는 젊은 두 남녀가 있다고 하자. 두 사람은 성적으로 서로를 몹시 사랑한다. 두 사람은 자주 서로 껴안고 입 맞춘다. 이들 두 사람의 성적 사랑은 다른 여러 사랑으로 확장될 수 있다. 두 사람 각자가 생명체 인간에 대한 사랑을 체험할 때 그들은 생명을 사랑할 수 있으며, 생명이 꿈틀거리는 세계를 사랑할 수 있고, 세계의 근거인 초월적 존재를 사랑할 수 있다. 사랑은 마치 햇빛이 일곱 무지개 빛깔인 것처럼 여러 가지 사랑으로 빛날 수 있다.

## 에로스, 필리아, 아가페

어떤 사람은 사랑의 승화에 관해서 말한다. 곧 사랑이란 성적 사랑으로부터 지혜에 대한 사랑으로, 그리고 지혜에 대한 사랑으로부터 초월적 존재에 대한 사랑으로 승화한다는 것이다. 이러한 사랑의 승화가 뜻하는 것은 바로 현실적 사랑을 이상적 사랑으로 순화시키는 것이다.

우리들은 예수의 인간에 대한 사랑과 하나님에 대한 사랑을 생각할 수 있다. 프로이트의 학문에 대한 사랑은 바로 인간에 대한 사랑이었다. 이름 없는 많은 사람들이 피부 색깔도 다르며 신체·정신적으로 장애를 가진 아이들을 입양하여 키우는 것도 역시 인간에 대한 사랑이다. 프로이트는 심층의식의 충동은 죽음의 충동과 사랑의 충동이고, 죽음의 충동은 파괴하는 힘임에 비해서 사랑의 충동은 건설하는 힘이라고 보았다.

성적 사랑의 힘은 위대하다. 인격 주체로서의 남녀의 만남으로부터 새 생명이 태어날 수 있는 것은 바로 성적 사랑의 힘 때문이다. 어디 그뿐인가? 자연사랑이나 인류애 그리고 초월적 존재에 대한 사랑의 힘은 한층 더 고귀하고 위대하다. 왜냐하면 그와 같은 사랑들의 힘이야말로 성적 사랑을 가치 있는 것으로 만들기 때문이다.

# 세 가지 사랑

## 남녀간의 사랑

우리들은 사랑이라는 말과 함께 누구나 남녀간의 성적인 사랑을 머리에 떠올린다.

"인간이란 누구나 이 세상에 태어나서 사랑하다가 죽는 거야. 텔레비전 연속극만 해도 사랑하다가, 미워하다가, 이별했다가 또 사랑하면서 끝나지 않아? 10대 사춘기가 되면 밤낮으로 짝 찾느라고 정신이 없어. 청년이 되면 애인과 사랑을 나누고, 결혼하면 사랑하느니 마느니 하다가 늙어가지 않아?"

"그래. 인생은 사랑 빼놓으면 아무 것도 없어. 유행가의 대부분은 사랑 타령이야. 오페라의 아리아만 해도 거의가 사랑을 주제로 삼아. 소설이나 시는 어떻고? 남녀간의 사랑이 인생의 전부인 것 같기도 해. 하긴 남녀간의 사랑이 없다면 인류의 존재도 없을 테니까."

이 세상에는 남녀가 모여서 살며, 남녀가 연애하고, 남녀가 서로 그리워하며, 남녀가 서로 결혼해서 남녀를 낳고 살아간다. 그만큼 남녀간의 사랑이 중요하다. 그런데 도대체 사랑이란 무엇인가?

사랑은 우선 관계이다. 그러나 사랑은 남자와 여자의 단순한 교제로서의 관계가 아니라 남녀가 서로 좋아하는 관계이다. 이러한 관계는 바로 좋아하는 느낌이다. 예컨대 남녀의 성적 사랑은 남녀가 서로 성적으로 호기심을 가지고 매력을 느끼며 좋아하는 관계의 느낌이다.

## 정서의 정체

심리학적으로 말하면 흥분된 주관적 심리상태는 감정이고, 감정에 대한 느낌은 정서이다. 쾌, 불쾌가 대표적인 단순 감정이며, 단순감정 이외의 감정들로는 공포, 증오, 분노, 애정 등을 말할 수 있다. 우리들은 일상생활에서 감정과 정서를 구분하지 않지만 감정은 정서의 알맹이라고 볼 수 있다.

정서란 외적 자극에 의해서 생기는 주관적 심리과정으로서 인간이 행동할 수 있는 힘을 지닌다. 따라서 정서는 인간의 생존을 위하여 가장 유용한 합리적인 심리과정이라고 말할 수 있다.

심리학에서는 사랑의 심리과정을 살피지만, 철학에서는 사랑의 의미와 가치를 탐구한다. 따라서 철학적 관점에서는 사랑에는 어떤 것들이 있으며 그것들은 어떤 의미를 소유하는지 묻지 않을 수 없다.

인간에게 있어서 남녀간의 성적 사랑은 기본적으로는 생물학적인 신체적 사랑이다. 남녀가 서로 바라보거나, 애무하거나, 아니면 직접 성관계를 하면서 쾌감을 느끼고 남녀는 서로를 사랑한다고 말한다. 그러나 남녀가 단지 신체적으로, 다시 말해서 육체적으로만 접촉함으로써 성적 사랑을 느낀다면 그러한 사랑만 가지고는 참다운 인간애나 인류애를 포함한 남녀간의 사랑이 성립할 수 없다. 우리들은 사랑을 크게 성적 사랑인 에로스(Eros) 그리고 지혜에 대한 사랑 필리아(Philia) 및 초월자에 대한 사랑인 아가페(Agape) 등 세 가지로 나눌 수 있다.

## 지혜사랑: 필리아

고대 그리스의 소크라테스가 살았던 시대는 그리스 말기로서 궤변철학자들인 소피스트들이 지식을 마치 상품처럼 돈을 받고 팔고 있었다. 소크라테스는 젊은이들 자신이 지식을 잉태하고 스스로 산출하기 때문에 자신은 단지 산파처럼 젊은이들이 지식을 스스로 산출하는 것을 옆에서 도와 줄 뿐이라고 말하였다. 따라서 소크라테스는 산파처럼 조언하였고 지식을 돈 받고 팔지 않았다.

궤변철학자들은 궤변을 포함한 온갖 지식을 도구로 생각하고 돈을 받고 젊은이들에게 지식을 판 사람들이다. 그러나 소크라테스는 지혜를 사랑한 사람이다. 앞에서 본 것처럼 에로스가 인간의 신체적, 성적인 사랑이라고 할 것 같으면 지혜에 대한 사랑은 필리아이다.

"스피노자야말로 지혜사랑(필리아)에 철저했던 철학자라고 말할 수 있어. 엄청난 유산을 모두 누이동생과 어머니에게 양보하고 자신은 광학을 연구하면서 안경 알을 갈아서 팔아 겨우 연명했어. 스피노자는 광학, 기하학, 철학 연구에만 몰두했어. 먹는 것이 시원치 않아 일찌감치 폐병에 걸렸지만 오직 지혜사랑에만 매달리다가 오십 세도 되지 않아서 세상을 떠났어."

"우리 나라의 퇴계나 율곡도 지혜사랑의 모범이라고 할 수 있어. 주자학을 그대로 답습하지 않고, 이기론(理氣論)의 고유한 형태로 변형시켜서 성리학을 체계화한 것은 바로 한국 유학을 대표하는 퇴계와 율곡의 위대한 업적임이 틀림없어. 퇴계나 율곡의 지혜사랑이 없었다면 한국유학의 큰 줄기로 형성될 수 없었을 거야."

보통 이론적 진리에 대한 사랑을 지혜사랑이라고 말할 수 있으나, 지혜는 이론일 뿐만 아니라 곧 진리에 대한 앎이고 선과 아름다움에 대한 깨달음이기도 하다. 따라서 지혜사랑은 도덕적으로 어진 사람들에게서도 그리고 위대한 예술가들에게서도 찾아볼 수 있다.

## 초월적인 사랑: 아가페

우리들은 종교적 사랑을 일컬어 아가페라고 부른다. 아가페에서 유한자 인간과 초월자 신이 만난다. 아가페는 에로스와 필리아를 포함하면서 이들 양자를 초월한다.

테레사 수녀의 인류애는 종교적 사랑으로서 아가페의 전형이다. 테레사 수녀는 자신의 몸과 마음을 모두 던지고 빈민가의 사람들을 위해서 헌신하였다. 예수의 사랑은 가장 대표적인 아가페이다. 예수는 유한하고 죄많은 인간을 대신해서 죄값을 치르기 위해서 십자가에 못 박혔다.

석가모니의 중생사랑 역시 아가페의 전형이다. 석가모니는 부귀영화를 스스로 버리고 무지한 인간들을 깨닫게 하기 위해서 일생을 바쳤다.

10대 젊은이들은 오직 성적 사랑에만 관심을 기울이고 집착한다. 그러나 사랑은 인간의 성숙과 아울러 에로스로부터 필리아로 그리고 다시 아가페로 성숙할 수 있다. 사랑이 성숙할 수 있기 때문에 인간의 사랑은 의미와 가치를 가질 수 있다.

천재가 되는 법

# 성취동기가 중요하다

## 행동에는 동기가 있다

우리들 인간이 밥을 먹거나, 애인을 사귀거나, 등산을 하거나, 공부를 하거나 모든 행동에는 반드시 동기가 있기 마련이다. 다음과 같은 말들은 과연 의미가 있을까?

"날 보고 아이들이 어떻게 하면 그렇게 공부를 잘하느냐고 묻는데 내가 공부 잘하는 원인은 나도 모르겠어. 나는 다른 아이들 보다 특별한 것이 하나도 없어. 그렇다고 남들보다 더 열심히 하는 것도 아니고. 단지 공부가 재미있을 뿐이야."

"나를 좋아하는 여학생들이 여러 스타일이 있는데 어째서 꼭 살결이 희고 얼굴이 동그란 여학생을 이성친구로 택했느냐고 네가 묻는데 특별한 이유는 없어. 그냥 그 여학생이 좋고 사랑하는 마음이 생겨서 그런 거야. 정말 아무 이유나 조건도 없이 그 여학생을 사랑하게 되었어."

위의 글에서 공부를 잘하거나 이성친구를 택한 것에 대해서 말하는 사람은 특별한 이유나 조건이 없다고 하지만 어떤 행동에는 반드시 원인으로서의 동기가 있기 마련이다. 인간의 행동에는 필연적으로 원인 또는 내적 과정이 있는데 우리는 이것을 동기라고 부른다.

## 생리적 동기와 일반적 동기

인간은 우선 다른 동물들과 마찬가지로 생리적 동기로서 배고픔, 갈증, 성욕을 소유한다. 인간은 다른 동물과 달리 생리적 동기 이외에 일반적 동기로서 개인적 동기와 사회적 동기도 가진다. 우리들이 무엇인가를 먹는 행동의 동기는 배고픔이다. 우리는 음식을 섭취하여 혈당을 보충함으로써 배고픔의 동기를 충족시킨다. 또한 수분을 섭취함으로써 갈증을 해소시킨다.

장시간 먹지 않고 마시지 않으면 인간은 사망한다. 그러나 성충동은 충족시키지 않아도 개인이 죽지 않는다. 인간이 성충동을 충족시키지 못할 때 인류는 종(種)이 멸종될 위기에 처한다. 배고픔과 갈증, 섹스는 3대 생리적 동기이다.

동물이나 인간이나 성적으로 흥분한다는 것은 성충동을 충족시키려고 한다는 사실을 뜻한다. 여성(암컷)에 있어서는 뇌하수체가 난소를 자극하여 에스트로겐과 프로게스트론이라는 호르몬이 분비되어 성적 흥분이 일어난다. 남성(수컷)에게 있어서는 고환에서 안드로겐과 테스토스테론이라는 호르몬이 분비되어 성적 흥분이 생긴다.

그러나 인간 이외의 다른 동물들은 호르몬의 생리적 메카니즘에 따라서 일정한 발정기에만 성충동을 느끼고 성행위를 한다. 인간의 성충동은 호르몬의 생리적 메카니즘보다 사회적 문화적 조건에 크게 좌우된다. 남성의 성충동은 일정한 주기가 없고 여성의 성충동은 배란주기에 따라서 강약이 나타난다.

인간은 3대 생리적 동기 이외에 생리적 동기에 속한다고 할 수 있는 모성행동과 고통회피의 동기라는 두 가지 기본적인 동기를 가진다. 모성행동은 목숨을 바쳐 자식을 지키는 동기를 말한다.


## 개인적 동기


인간의 행동에는 행동의 원인적 조건이 되는 동기가 꼭 있기 마련인데 동기에 관해서 잘 알면 어떤 도움이 있을까? 우선 인간의 행동이 왜 일어나는지를 알 수 있고 다음으로는 각자가 자신의 행동을 효과적으로 통제할 수 있다.

개인적 동기로는 자극동기, 극복동기, 성취동기, 작업동기 등 네 가지가 있다.

자극동기: 인간을 포함해서 모든 생물은 스스로 자극 받기를 요구하는 동기가 있다. 즉 인간은 호기심을 가지고 새로운 것을 탐색하고 다루고자 한다. 수학이나 영어나 호기심이 많은 학생이 공부를

잘할 수 있다.

극복동기: 적극적으로 활동하려는 동기이다. 수학을 잘하는 학생은 물론 수학성적을 목표로 삼지만 그보다도 먼저 수학내용을 파악하고 극복하려고 한다. 예컨대 등산가는 산 정상을 극복함으로써 정상경험을 하고 기뻐한다.

성취동기: 가치 있는 목표에 달성하겠다는 동기. 성공을 기대하고 성공할 경우의 가치와 성공하기 위해서 져야 할 책임을 잘 알 때 효과적으로 행동할 수 있다.

작업동기: 일 자체 안에 있는 작업만족 요인이 작업동기이다. 예컨대 직업을 택할 때 사람은 자신이 좋아하는 직업을 택하여야 작업능률이 효과적이다. 적성에 맞지 않는 일에 종사할 경우 아무리 돈을 많이 주어도 또 적게 주어도 작업효과는 부정적이다.


## 사회적 동기

인간은 사회적 존재이기 때문에 생물 개체로서의 개인적 동기 이외에 사회적 동기들도 가진다. 사회비교동기, 유군(類群)동기, 공격동기, 인지불협동기 등은 모두 사회적 동기에 속한다.

사회비교동기: 우리들은 미국사회와 한국사회를 비교하기도 하고 선진사회와 후진사회를 비교하기도 한다. 이런 비교는 행동의 원인적 조건이 된다.

유군동기: "초록은 동색이다"라는 말이 있다. 사람들은 처지가 비

슷한 사람끼리 모인다는 뜻이다. 학연, 지연, 혈연 등은 유군동기에 속할 수 있는 것들로 사회에서는 대체로 부정적인 행동의 원인적 조건들이다.

공격동기: 개인에게도 공격동기가 있지만 집단과 집단의 관계에서 흔히 볼 수 있는 것이 공격동기이다.

인지불협동기: 집단과 집단이 대상이나 사태를 아는 것이 서로 다를 경우 인지불협동기가 행동의 원인적 조건이 된다.


## 동기과정의 중요성

우리들이 어떤 동기를 가지며 동기를 어떻게 통제할지에 관해서 아는 것은 매우 중요하다. 왜냐하면 성공적이며 긍정적인 행동을 하기 위해서는 행동의 원인조건인 동기를 명확히 알아야만 하기 때문이다.

우리들이 동기를 긍정적으로 통제할 경우 동기는 우리들로 하여금 효과적으로 행동하게 한다. 우선 동기는 활력을 불어넣어 준다. 또 동기는 특정한 목표로 향하게 하며 유용한 자극을 선택해서 주의하게끔 한다. 동기는 우리들로 하여금 우리의 반응을 계열적으로 체제화하게 한다. 인간 각자는 주체적 존재이므로 자신의 삶의 주인공이다. 주체적 존재 인간이 동기를 잘 알고 현명하게 통제할 때 인간은 행복한 삶을 향해서 한 걸음씩 나아갈 수 있다.

# 공부 잘하는 비결

## 천재는 있는가?

다음의 이야기들을 잘 살펴보자.

"모짜르트는 음악의 천재임에 틀림이 없어. 그렇게 젊은 나이에 다른 작곡가들이 감히 흉내낼 수 없는 주옥같은 작품을 작곡한 것을 보면 그는 분명히 천재야."

"맞아. 천재들은 보통 사람들과 질적으로 다른 재능을 가지고 있어. 우리 나라의 시인 김소월도 그런 점에서 보면 천재야. 수많은 아름다운 서정시를 남기고 요절한 김소월 역시 천재야."

"반드시 요절한다고 천재는 아니지. 천재는 나이와는 상관이 없어. 다 빈치나 아인슈타인은 오래 살았지만 그들 역시 천재야. 천재는 자신의 분야에서 남들이 감히 상상도 못하는 재능을 발휘하는 사람을 말해."

우리들 주변에서도 자주 천재라고 일컬어지는 아이들을 만날 수 있다. 그러나 천재로 불려지는 대부분의 아이들은 세월이 흐르면 보통 사람으로 되어 버리고 만다. 그러면 영재는 또 무엇일까? 천재보다는 좀 못하지만 어린 나이에 특정한 분야의 재능이 뛰어난 아이들을 일컬어 영재나 수재라고 부른다.

요새 우리 나라에서 일부 젊은 여성들은 자녀의 영재교육에 큰 관심을 가지고 아직 젖도 안 뗀 아이를 영재학원에 보내는 일이 있다. 또 유치원이나 초등학교 과정에서 영재교육을 시도하는 경우도 가끔 있다. 아이들 중에는 아직 초등학교에 들어가지 않은 나이인데도 다른 평범한 아이들에 비해서 월등하게 똑똑하거나 암기력이 뛰어난 아이들이 있다.

"민수는 무엇이든 한번 본 것은 다 기억해. 민수는 지금까지 나온 자동차들의 이름은 하나도 빠짐없이 기억한다니까. 국산 차든지 외제 차든지 그림만 보여 주면 척척 알아내는 것이 너무너무 신기해."

"유진이는 무엇이든 한번만 읽으면 잊어버리지 않고 다 외워 버리니 과연 천재야. 무슨 시험을 치러도 거의 만점 받는 것만 보아도 머리가 좋은 건 확실해."

철학자들 중에서 쇼펜하우어(1788~1860)나 니체(1844~1900)는 천재를 인정하고 천재론을 주장하였다. 그들은 학문이나 철학의 분야보다 음악과 같은 예술의 영역에서 탁월한 예술창작 능력을 가진 사람을 천재라고 불렀다. 우리들은 보통 예술뿐만 아니라 학문의 여러 분야들에서도 뛰어난 인물을 천재라고 일컫는다.

## 공부의 비결은 있다

우리들이 무엇을 안다고 할 때의 앎은 감각지각, 기억, 사고의 세 가지 과정을 거쳐서 형성된다. 사과라는 대상은 우선 나의 감각기관인 눈까지 광선을 통해서 도달하여야 한다. 이 때 사과로부터 내 눈까지 도달하는 빛에너지는 물리적 에너지이다. 일단 눈에 도달한 빛에너지는 눈에 도착하면 생물학적 에너지로 바뀐다. 즉 시신경으로부터 뇌의 대뇌피질에 이르기까지는 화학 물질의 분비에 의한 자극과 반응이 전달되는데 이것은 바로 생화학적 에너지이다. 그러나 대뇌피질에 도달한 에너지는 심리학적 에너지로 바뀌고 우리는 이제야 사과라는 대상을 기억하고 기억을 바탕 삼아 사고한다.

정상인은 누구나 약 24억 개의 뇌신경세포를 가지며 대뇌신경세포는 약 12억 개이고 일생동안 사람이 제아무리 많이 사용한다고 해도 대뇌신경세포의 3~5%밖에 사용하지 못한다. 정상인은 생물학적으로는 대뇌신경세포의 용량이 똑같다고 할 수 있다. 그런데 왜 누구는 공부를 잘하고 누구는 못하는가?

공부 잘하는 비결 몇 가지가 있다. 우선 주의를 집중할 줄 알아야 한다. 예컨대 정원의 여러 가지 꽃 중에서 다섯 가지 서로 다른 종류의 빨간 색깔의 꽃들만 고를 경우 빨간색 꽃들에만 주의를 집중하지 않고 여러 가지 색깔의 꽃 모두에 주의를 분산시킨다면, 더 나아가서 꽃뿐만 아니라 벌이나 나비에게까지 주의를 분산시킨다면 나는 다섯 종류의 빨간 꽃들을 고르는 데 당연히 실패할 것이다.

다음으로 대상을 조직화하고 체계화하는 습관을 키워야 한다. 가방에 물건을 순서대로 차곡차곡 정리해서 넣으면 꺼낼 때도 편하다. 마찬가지로 모든 기억의 자료들을 조직적, 체계적으로 정리하는 습관이 필요하다. 또한 기억한 것들을 반복하고 서로 비교하는 일이 필요하다. 책을 읽을 때 처음에는 천천히 뜻을 음미하면서 읽고, 다음 번에는 빨리 같은 곳을 두어서너 번 반복해서 읽거나 암기한다면 책 내용은 훤히 들어올 것이다.

공부의 효과를 높이는 또 다른 방법으로는 온몸을 사용하는 것이다. 책을 소리 없이 눈으로 읽어보고 다음에는 소리내어 읽는다. 읽은 것을 써 본다. 책의 여백에 읽은 것에 대한 자기만의 생각을 적어 본다. 방을 왔다 갔다 하면서 서서 책을 읽어 본다. 연습장에 읽은 것을 간략히 요약해 본다. 읽고 생각한 것을 형제들이나 친구들 또는 선생님과 함께 이야기하고 토론해 본다.

공부를 못하는 아이들은 우선 주의력이 부족한 아이들이다. 공부 못하는 아이는 그만큼 다른 것에 소질이 많고 오히려 공부보다 다른 것에 주의를 집중한다.

## 사고과정

대상감각은 일단 감각적으로 지각되었을 때 1/4~4초 정도 머물고 우리가 주의력을 집중하지 않으면 소멸한다. 지각정보는 단기기억으로 넘어온다. 우리가 주의력을 집중하지 않을 때 단기기억의 정보는 18~30초간 머물다가 사라진다. 주의를 기울인 단기기억의 정보는 장기기억으로 저장되어 우리들의 사고를 가능하게 하는 자료가 된다. 우리는 기억의 자료들을 가지고 연역추리도 하고 귀납추리도 하며 평가추리도 한다. 이렇게 볼 때 공부를 잘한다는 것은 그다지 대단한 일이 아니고 매우 간단한 일이다.

음악의 천재라고 할 때 이 천재는 음악이라는 분야에 주의를 최대한 집중하고 음악을 조직적이며 체계적으로 정리하는 능력을 최대한으로 발휘하는 사람이다. 따라서 누구나 천재가 될 수 있다고 말할 수 있는 반면에 결코 천재란 존재하지 않는다고도 말할 수 있다.

# 스트레스에 대한 올바른 대응

## 무엇이 스트레스인가?

도시에 살다가 정말 오랜만에 산골 마을이나 한적한 해변을 찾아 그곳에서 이삼일 동안 하는 일 없이 쉰다고 생각해 보자.

"나무 냄새가 이토록 싱그러운지 몰랐어. 밤 하늘에 마구 쏟아져 내릴 듯 빽빽히 들어 찬 별무리. 새소리가 이렇듯 가까이 들리다니 너무 신기하기만 해. 시냇물은 투명하고 작은 물고기들이 저렇게 반짝이면서 헤엄을 치다니……"

"우리 나라가 이렇게 아름다운 줄 예전엔 정말 몰랐어. 저 새벽녘의 남해바다를 좀 봐! 크고 작은 섬들이 저렇게 바다를 떠다니고 있다니 믿어지지 않아! 아, 싱그러운 바닷내음, 먼 바다에서 밤을 지새고 통통거리며 귀항하는 작은 어선들, 끼룩거리며 지칠 줄 모르고 나는 갈매기

들……. 나는 도심에서 매일 다람쥐 쳇바퀴 돌면서 과연 무슨 삶을 살
아왔단 말인가?"

　자연과 멀리 떨어져 모든 것이 바쁘게 돌아가는 탐욕스러운 도시
에 묻혀서 살다보면 무슨 꽃이 언제 피는지, 어떤 새가 언제 찾아오
는지, 계절이 어떻게 바뀌는지 전혀 알지 못한채 바쁘고 탐욕스런
일벌레가 되어 매일을 지내기 마련이다. 그러나 이젠 마음의 평온함,
아늑함을 느낄 수 있는 자연을 찾기 힘들어졌다.
　어디를 가나 시원스레 뚫린 도로와 높은 아파트, 치솟은 고층빌딩
이 즐비하다. 입시경쟁, 입사경쟁, 진급경쟁, 매연과 소음, 사방에 번
득이는 텔레비전과 컴퓨터 화면……. 누구나 할 것 없이 모든 사람
들은 더 빨리, 더 많이, 더 높이를 목청 돋구어 외치면서 어디로 향
해서 가는지도 모르고 달려가고 있다.
　10대들 사이에서는 자주 열이 나고, 두통을 느끼며, 피로하고, 식욕
마저 없는 경우가 많다. 정상생활을 하기 위해서 사람은 누구나 적
절한 각성긴장수준이 필요하다. 예컨대 칼국수를 직접 만들려면 우
선 밀가루 반죽이 잘 되어야 한다. 반죽이 너무 단단해서도 안 되고
그렇다고 너무 물러도 좋지 않다. 인간의 정신상태 역시 지나치게
긴장해도 좋지 않고 또 너무 늘어져도 좋지 않다. 적당히 깨어 있으
면서 긴장하는 것이 바로 정상적인 정신상태이다.
　스트레스 자체는 인간이 생존하기 위해서 반드시 필요하다. 왜냐
하면 적절한 스트레스는 바로 적당한 각성긴장수준이기 때문이다.
고무줄이 너무 팽팽하면 끊어지기 쉽고, 지나치게 느슨하면 삭기 쉽

운 것처럼 우리들의 정신상태도 적당한 스트레스를 느낄 때 정상적으로 유지될 수 있다.

## 과긴장과 탈긴장

스트레스가 지나치게 강한 것 곧 과긴장이 문제이고, 또한 스트레스가 지나치게 약한 것 곧 탈긴장이 문제이다. 우리들의 감정이 지나치게 긴장할 경우 우리의 몸은 균형을 잃게 된다. 강한 스트레스가 오래 계속될 경우 교감신경이 흥분하고 교감신경과 연관된 신체기관들이 과도하게 작용함으로서 몸의 각 부분이 정상을 상실한다.

시험성적이 아주 나쁘거나 부모님 또는 선생님으로부터 심한 꾸지람을 들었을 때 또는 자식, 배우자, 부모 등이 크게 다치거나 사망하였을 경우 우리들은 참기 어려운 스트레스에 시달린다. 이러한 경우 우리는 과긴장으로 인해서 여러 가지 질병을 얻을 수 있다. 예컨대 많은 경우 두통, 피부염, 비대증, 천식, 고혈압, 위궤양, 소화불량 등은 과긴장의 결과들이다.

그러나 적절한 각성긴장수준이 결핍되었을 때 곧 탈긴장시에도 의식 집중이 매우 약해지고 현실문제를 해결하는 능력이 저하되며 심할 경우 환각까지 경험하게 된다. 탈긴장은 물론이고 과긴장도 우리의 정신상태와 아울러 신체에 해롭다. 따라서 인간은 항상 적절한 각성긴장수준, 다시 말해서 알맞는 스트레스를 유지하지 않으면 안 된다.

지나치게 강하거나 아니면 지나치게 약한 스트레스로부터 생기는 현대인의 정신적, 신체적 질환을 일컬어 우리들은 문화병이라고 부른다. 스트레스 자체는 결코 질병이 아니다. 그러나 외부의 자극이 지나치게 강하든지 아니면 지나치게 약하면 우리의 신체가 균형을 잃게되어 정신과 신체 모두 질병을 얻기 쉽다.


## 스트레스를 어떻게 처리할 것인가?

현대인은 헤아릴 수 없이 많은 각종 스트레스에 시달리고 있다. 대부분의 사람들은 탈긴장보다 과긴장으로 괴로워하고 있는 실정이다. 우리는 밤낮으로 소음에 시달린다. 공기와 물은 오염될대로 오염되어 있다. 디지털문명의 발달과 함께 개인의 정보가 쉽사리 노출되어 우리들은 개인 프라이버시 침해로 고민한다.

어디 그뿐이겠는가? 모든 분야에서 생존하고 남들을 이기기 위한 무한경쟁을 피하기 힘들다. 유아교육은 물론이고 유치원 때부터 영어를 배우며 학교에 입학해서는 치열한 경쟁대열에 끼지 않으면 안된다. 대학을 졸업하고 직장에 취직해서도 불꽃 튀는 경쟁에서 살아남지 않으면 안 되는 스트레스는 현대인의 온갖 정신적, 신체적 문화병을 초래한다.

우리들은 어떻게 과긴장(탈긴장을 포함해서)을 적절히 처리하고 적절한 각성긴장수준을 유지할 수 있을까? 우리들 인간은 어떻게 이 복잡하고 혼란한 현대사회에서 건강한 정신과 신체를 유지할 수 있을까? 스트레스를 적절히 처리하기 위해서는 개인과 아울러 공동체 사회의 노력이 함께 요구된다.

지금까지 잘 알려진 스트레스 처리방법은 몇 가지가 있다. 가능한 한 조용한 환경을 마련하고 앉아서 눈을 감고 최대한 편한 자세를 취하면서 오로지 한가지 생각에만 집중함으로써 과긴장을 물리칠 수 있다. 이런 방법을 가리켜서 이완법이라고 한다. 다음으로 초월적 명상법을 말할 수 있다. 생각이 바로 만병의 근원이라는 말이 있다. 생각의 근원을 조용히 명상하면서 어떤 한 단어(만트라: mantra)를 계속해서 마음속으로 되뇌이는 것이 바로 초월적 명상법이다. 최근에는 바이오-피드백(bio-feedback)이 스트레스를 물리치는 한 방법이다. 첨단 전자 운동장비를 통해서 자신의 혈압, 맥박, 호흡, 등을 측정하면서 신체균형을 조절하는 방법이 바이오-피드백이다.

인간은 주체적, 창조적, 자발적 존재임을 자각할 때 비로소 인격체일 수 있다. 외부의 조건에 의존하기보다 오히려 자신의 주인이 되어 마음을 다스릴 수 있을 때 스트레스를 적절히 치료할 수 있다.

# 천재가 되는 법

## 왜 천재가 되려고 할까?

부모들은 왜 자식을 천재로 키우려고 할까? 사람들은 왜 천재를 칭찬하고 존경할까? 아이들은 왜 천재를 동경하는 것일까?

동서고금을 통해 역사에 등장하는 천재들은 헤아릴 수 없이 많다. 모짜르트, 아인슈타인, 빌 게이츠, 스필버그 등은 누구나 인정하는 천재들이다. 어떤 분야에서든 보통 사람들이 발휘할 수 없는 뛰어난 재능을 가진 사람들을 일컬어 우리들은 천재라고 부른다.

사람들은 왜 천재를 동경하며 존경하는가? 보통 사람보다 뛰어나다는 것은 그만큼 재능을 최대한도로 발휘한다는 것을 뜻한다. 우리들은 뛰어난 재능을 최대한도로 발휘하면 행복하다고 생각한다. 자신이 가진 재능을 최대한도로 발휘하여 목적을 성취하면 누구나 만족감을 느낀다. 그렇다면 우선 행복한 인간이 되기 위해서 천재를 동경한다고 말할 수 있다.

보통 사람보다 뛰어나다는 것은 또 한편 다른 사람들 위에 군림한다는 것을 뜻한다. 천재가 되는 것은 다른 사람들 위에 자리잡음으로써 지배욕을 만족시킬 수 있다는 것을 뜻한다. 재능이 뛰어날 경우 무한경쟁에서 생존하는 것은 물론이고 다른 사람들을 지배할 수 있게 된다.


## 인간의 본성

도대체 인간은 무엇이기에 각각의 인간은 자신을 과시하고 싶어하며 남들을 지배하고 남들보다 뛰어나고자 할까? 인간이 무엇인지를 정의하는 말은 다양하다.

"인간은 사회적 동물이다."
"인간은 사유하는 존재이다."
"인간은 웃을 줄 아는 동물이다."
"인간은 유희할 줄 하는 동물이다."
"인간은 뇌신경세포가 가장 발달한 동물로서 다른 동물과 질적인 차이는 없고 오직 양적인 차이만 있다."

고금동서의 수많은 철학자들은 각자 나름대로의 관점에서 인간을 정의하려고 하였다. 그러나 인간은 워낙 복잡한 존재이기 때문에 간단히 몇 마디로 인간을 정의하거나 딱 집어서 인간의 본성을 말하는 일은 지극히 어려운 일이 아닐 수 없다.

가장 많은 사람들이 동의할 수 있는 인간에 관한 정의는 아마도 "인간은 사유하는 사회적 존재이다"일 것이다. 인간은 생물 유기체이기 때문에 생존과 경쟁이라는 악조건을 극복하고자 한다. 그러나 인간은 사유하는 사회적 존재이기 때문에 인간 상호의 협력을 통해서 공동체사회를 형성하고자 한다.

사람들이 천재를 동경하는 것 역시 인간의 본성에서 나온다고 말할 수 있다. 수많은 천재들을 보면 그들 각자는 엄청난 악조건을 극복하고 뛰어난 재능을 발휘함으로써 인류에게 많은 기쁨을 주고 빛나는 문화업적을 물려 주었다. 그런가하면 또 다른 한편으로 그들은 치열한 경쟁을 극복하고 비슷한 재능을 가진 사람들을 물리친 인물들이었다.


## 이기주의와 개인주의의 차이

대부분의 부모는 자기 자식만을 천재나 영재로 키우려고 한다. 이런 사고방식은 나와 내 자식만을 위하는 씨족적 사고방식이며 동시에 이기주의에 지나지 않는다. 영국 경험론 철학자 홉즈(1588~1679)는 "만인의 만인에 대한 전쟁"을 인간의 자연상태라고 했고, 또한 "인간은 인간에 대해서 늑대이다"라고도 말하였다.

고고학이나 인류학의 입장에서 볼 경우 인간이 지능적으로 고도의 발달을 이루기 전까지만 해도 인간은 자연상태에서 '인간의 인간에 대한 늑대' 상태를 벗어나니 못하고 있었다. 현대사회를 살아가고 있는 우리들의 내면에는 여전히 홉즈가 말한 자연상태가 이기주의의 형태로 남아 있다.

"우리 딸 아이는 어려서부터 영재교육을 받았어. 아이가 원래 똑똑한데다가 영재교육까지 받았으니 진학해서도 다른 아이들보다 학업성적이 월등히 뛰어날 수밖에 없었지. 그러더니 금년에 명문대학 의과대에 저렇게 덜컥 붙었어. 과연 우리 딸 아이는 천재에 가까워. 이게 다 가문의 영광이 아니고 무엇이겠어?"

"우리 아버지는 대학교수이고, 삼촌들은 모두 의학 박사이며, 조카들도 다 유학생이고, 나도 피아노 공부를 위해서 유학중이니 우리 집안은 천재 집안이라고 해도 틀릴 것이 없어."

대부분의 경우 사람들이 천재를 동경하는 것은 이기주의를 충족시키기 위한 비교적 단순한 욕망에 뿌리를 두고 있다. 천재는 재능이 뛰어나니까 돈을 쉽사리 벌 것이고, 생활도 여유로울 것이며, 다른 사람들로부터 칭찬 받으리라고 생각하기 쉽다. 우리들은 태어날 때부터 탁월한 재능을 가졌기 때문에 노력과는 별 상관없이 뛰어난 재능을 발휘하는 사람을 천재라고 생각하는 경향이 있다. 그러나 역사에 남은 대부분의 천재는 어마어마한 난관을 극복하고 엄청난 노력을 지불한 인물들이었다.

# 누구나 천재가 될 수 있다

고대 중국의 고전 《장자》에 다음과 같은 이야기가 있다.

어떤 청년이 장자에게 와서 도(道)가 무엇인가를 물었다. 장자는 아무 대답도 하지 않다가 이윽고 입을 열어 다음과 같이 백정에 관해서 말하였다.

건장한 청년이 정육점에 취직해서 쇠고기와 돼지고기 다루는 일을 맡게 되었다. 처음 3년간 청년은 매일 칼날을 갈지 않으면 안 되었다. 살코기를 뼈로부터 발라내는 일이 여간 힘든 일이 아니었다. 고기를 베려고 하면 곧장 칼날이 무디어졌다. 주인에게 수없이 꾸지람을 들으면서도 청년은 꾹 참고 다시 3년간 고기를 다루었다. 이젠 칼날을 거의 갈지 않아도 되었다. 살코기는 베어내면서 뼈에 칼날을 슬슬 갈 정도가 되었던 것이다. 다음 3년이 지났을 때 청년은 매우 자유로운 사람이 되어 있었다. 정육점에서 칼로 고기를 다듬는 것이 아니라 칼춤을 추고 있는 사이 살코기와 뼈와 껍질이 나란히 수북수북 쌓여가고 있었다.

"오르고 또 오르면 못 오를리 없건만은 사람이 제 아니 오르고 뫼만 높다 하더라"는 시조도 있다. 천재는 노력이 99퍼센트이고 재능은 1퍼센트에 지나지 않는다. 가장 인간다운 인간이 바로 천재이다.

나의 삶과 예술

# 나의 삶과 예술

## 왜 상업주의 예술인가?

인간은 문화와 문명을 창조하면서 그 바탕 위에서 삶을 영위해 나가고 있다. 문화(culture)와 문명(civilization)에 대해서는 두 말을 서로 다르게 보는 견해가 있는가 하면 두 말을 똑같이 보는 입장도 있다.

라틴어 쿨투라(cultura)는 원래 콜로레(colore) 곧 '경작하다'라는 동사형에서 온 명사이다. 로마의 웅변가이며, 정치가이자 철학자인 키케로(Marcus Tullius Cicero, 기원전 106~43)는 콜로레라는 동사에 '인간을 교양 있게 만들다'라는 뜻을 부여하여 글을 썼고 그 이후 경작(culture)은 문화의 뜻을 가지게 되었다.

인간은 지식과 정서 및 의지에 의해서 학문과 예술과 종교의 세계를 창출하면서 그 안에서 삶을 전개한다. 우리들 인간은 매일 반복되는 일상생활을 살아가지만 그 안에서도 예술, 도덕, 종교, 학문을 갈고 닦기 때문에 인간다움을 소유한다. 문화와 연관해서 인간을 정의하자면 "인간은 문화적 존재이다"라고 말할 수 있다.

일반적으로 문명은 유용한 도구제작과 연결된다. 현대문명이라고 할 때 우리는 주로 물질문명을 떠올린다. 그렇지만 사람들이 자동차 문화, 음식 문화, 복식 문화 등을 이야기하는 것을 보면 사람들의 입장에 따라서는 문화와 문명을 구분하지 않는 경향도 있다는 것을 알 수 있다.

예술과 현대를 살아가는 나의 삶을 이야기하기 위해서는 무엇보다도 우선 예술이란 도대체 무엇인가라는 물음이 밝혀지지 않으면 안 된다. 보통 우리들은 '예술이란 감각적 정서에 의한 실재의 표현'이라고 말한다. 확실히 학문은 추상적인 지성작업의 대상이다. 그런가 하면 도덕이나 종교는 인간의 믿으려는 의지에 직결된다. 그러나 예술은 미적 감정 또는 미적 정서에 의한 실재의 표현이다.

현재 우리가 알고 있는 예술이론의 체계적 시발점은 그리스의 철학자 아리스토텔레스의 《시학》(Poetica)이다. 아리스토텔레스는 《시학》에서 인간의 '사유'는 세 가지 종류가 있다고 하였다. 그것들은 각각 아는 것 곧 이론(theory)과, 행하는 것 곧 실천(practice)과, 제작하는 것(poiesis)이다.

아리스토텔레스가 말하는 제작은 대상이나 사건의 표현으로서의 모방이다. 모방에는 두 가지가 있는데 하나는 유용성을 위한 모방이고 또 다른 하나는 순수한 창작으로서의 모방이다. 시장에 내다 팔기 위해서 의자나 책상을 만드는 것은 첫번째 종류의 모방이고, 모든 유용성을 떠나서 자신이 즐기기 위해서 한 편의 시를 쓴다면 그것은 두 번째 종류의 모방이다.

아리스토텔레스는 주로 시 예술에 관해서 논했는데 그것은 오늘날 예술이론의 기초가 되었다. 그에 의하면 예술이란 순수한 창작으로서의 모방 내지 제작이다.

그렇지만 오늘날 우리들 주변에서 흔히 대할 수 있는 예술의 현재 상황은 어떠한가? 20세기 중반 이후의 자본주의를 일컬어 후기 자본주의라고 부르며 우리들은 돈(자본)이 절대적 힘을 가진 후기 자본주의의 사회 안에서 살아가고 있다. 후기 자본주의 사회의 특징은 인간을 둘러싼 모든 것들과 함께 인간 자체도 획일적 상업주의에 물들어 있다는 것이다.

오늘날 우리들 인간 각자는 극단적인 이기주의의 포로가 되어 오로지 개인이나 개인이 속한 작은 집단의 이익만을 추구하기에 급급하다. 좀 심하게 말하자면 현대인은 욕망의 덩어리인 기계와도 비슷하다. 그렇기 때문에 문명비판에 심혈을 기울인 니체(F. Nietzsche, 1844~1900)와 같은 철학자는 현대인을 가리켜서 종말인 또는 왜소한 인간이라고 불렀으며, 현대 예술을 일컬어 퇴폐한 예술, 왜소한 예술이라고 불렀다.

순수예술이든 대중예술이든 오늘날 모든 장르의 예술들은 돈과 함께 굴러가고 있는 느낌이 든다. 현대의 대부분의 예술은 사실 획일적 상업주의에 물들어 있다고 해도 그것은 지나친 말이 아니다.

유치원에서부터 대학에 이르기까지 소위 그림을 그리거나 음악을 하거나 얼마나 많은 돈을 투자해야만 하는가? 무명가수가 텔레비전이나 라디오에 등장하여 일약 스타가 되면 그는 돈방석에 앉는다.

그렇지만 아무리 유명한 가수라도 대중성과 상업성이 떨어지면 그는 순간적으로 버림을 받기 마련이다. 간단히 말해서 그는 더 이상 상품가치가 없기 때문에 써먹을 필요가 사라진 것이다.

예술이 계속해서 획일적 상업주의에 물들어 있다면, 예술은 실재를 정서에 의해서 표현하기보다 오히려 실재를 계산에 의해서 표현함으로써 오로지 실재(대상)를 상품화하는 상술로 전락해 버리고 말 것이다. 시인을 지망하는 청년이 현대 독일 시인 라이너 마리아 릴케에게 참다운 처녀가 어떤 사람이냐고 물었을 때 릴케는 다음처럼 답했다. "인생의 모든 것을 체험하고 자기 자신으로 되돌아온 여성이 참다운 처녀입니다."

만일 예술이 획일적 상업주의와 결탁하고 그것에 물들어 있다면 그러한 예술은 참다운 예술을 포기하고 타락한 예술로 전락해 버리고 만다. 현대인에게 예술다운 예술, 참다운 예술은 불가능한 것일까?

## 순수예술과 대중예술

오늘날 어떤 사람은 예술의 미적 가치는 오로지 순수예술에만 있고 대중예술은 상업성에 치우쳐 있으므로 미적 가치가 없거나 낮은 것이라고 주장한다.

"대중예술이 모든 예술을 망치고 있어. 어떻게 베토벤의 교향곡이나 슈

베르트의 가곡을 서태지나 김건모의 노래와 비교할 수 있다는 거야? 예술의 아름다움을 전해주는 것은 뭐니뭐니해도 역시 순수예술이야."

우리들은 일반적으로 통속적인 예술(pop art)을 대중예술이라고 부르며 고전적인 예술(classical)을 순수예술이라고 부른다. 사람들이 대중예술과 순수예술을 구분하는 기준은 예술의 소재나 주제보다 오히려 예술의 형식에 좌우된다.

베토벤 교향곡의 음악형식과 서태지의 음악형식을 비교할 경우 베토벤의 음악형식은 매우 체계적이고 전문적임에 비해서 서태지의 음악형식은 덜 체계적이고 전문성이 떨어진다. 또한 사람들은 과거나 현재를 막론하고 시간의 흐름에 관계없이 사람들이 즐기는 예술을 고전적이라고 부른다. 이에 반해서 얼마간 유행하다가 사라져 버리고 마는 예술은 통속적이다.

그렇지만 현대에 와서는 순수예술과 대중예술의 구분이 그렇게 절대적이지도 않고 또 명백하지도 않다. 소위 세계적인 가수로 여겨지는 파바로티가 부르는 팝송은 클래식에 가까우며, 유행가수들이 부른 가곡은 팝송에 가깝다. 예술의 형식과 예술작품을 창작하는 예술가의 입장에 따라서 순수예술(고전적 예술)과 대중예술(통속예술)을 우리들은 상대적으로 구분할 수 있을 뿐이다.

파아커(D. Parker)는 예술을 다음처럼 정의한다.

(가) 예술은 상상력을 통해서 정서를 충족시키는 원천을 제공하지 않으면 안 된다.

(나) 예술적 대상은 사회적이지 않으면 안 된다.

(다) 모든 예술은 조화, 전형, 도안 등 미적으로 충족시키는 형식을 소유하지 않으면 안 된다.

이 말들을 종합하면 예술이란 상상력의 산물이고, 예술은 많은 사람이 즐길 수 있어야 하며, 일정한 형식을 가져야만 하는 인간의 창작행위이다. 그렇지만 오늘날 커다란 문제로 등장하는 것을 파아커가 정의한 이와 같은 예술이 획일적 상업주의에 전적으로 물들어 있다는 것이다.

그러므로 비록 예술가가 상상력에 의해서 예술작품을 창작하더라도 상상력은 돈의 세력에 의해서 무시되고 마는 경향이 강하다. 또 예술이 사회성을 가진다고 해도 그것은 많은 사람들이 즐기기 위한 것이기보다는 상품으로 거래되기 위한 사회성을 가지게 되었다. 게다가 예술의 형식은 예술가의 고뇌에 찬 노력의 산물이기보다 훌륭한 상품이 되기 위한 것에 더 부합하게 된다.

현대인은 극단적인 기계, 물질만능주의와 자본주의에 의해서 인간성 소외를 체험하고 있다. 이러한 상황에서 예술 또한 미적 가치를 소외당하고 획일적 상업주의에 빠져있는 것은 확실히 인간의 퇴폐성과 아울러 예술의 퇴폐성을 드러내 준다.


## 예술은 나와 무관한 것인가?

현대사회에서는 예술이 상품으로 거래되면서 획일적 상업주의에 물들어 있는 것이 사실이다. 그런가 하면 근대 자본주의 이후 분업화의 영향에 의해서 대부분의 사람들은 전문화에 길들여져 있어서 자신들과 예술은 별로 커다란 연관성이 없는 것으로 생각한다. 다시 말해서 전문적인 영화배우, 연극배우, 텔레비전 탤런트, 전문적인 가수, 피아니스트, 화가 등이 예술에 종사한다고 일반인은 생각한다.

각박한 생활에서 경쟁을 극복하고 살아남기 위해서 그리고 국제 사회의 경쟁에서 이기기 위해서 물론 전문화가 필요하다. 그렇지만 전문화만 강조하고 오직 전문화만 사회에서 강요된다면 우리들은 인간성을 상실하게 된다. 가끔 우리들은 지나친 전문화를 비판하지 않을 수 없다.

"저 친구는 컴퓨터 도사야. 잠도 자지 않고 오로지 컴퓨터에만 매달려 있으니 도사가 될 만도 하지. 저 친구에게는 컴퓨터가 인생의 전부야. 그렇지만 사람이 저래서야 쓰나? 가끔 시도 읽고 전람회에 구경도 가고, 여유 있으면 시골여행도 떠날 줄 알아야지."

우리들이 형식에만 치우치고 내용을 소홀히 한다면 우리의 삶은 빈약한 문화만을 남길 것이다. 전문화에만 몰두하면 양적으로 많은 상품을 생산할 수 있지만 인간다운 인간의 삶을 소홀히 하기 쉽다.

현대사회에서는 모든 것이 전문화되어 가는 경향이 강하다. 이런 상황일수록 우리들은 자신의 전문분야에 열중하는 만큼 다양한 여러 분야들도 접할 줄 아는 지혜를 키워 나가지 않으면 안 된다.

나의 전문분야로 컴퓨터 공학에 몰두하면서도 틈내어 한편의 시를 쓸 수 있을 때, 나는 오직 전문가이기를 떠나서 나의 속에 꿈틀거리는 예술혼을 발견할 수 있다. 독일의 관념론 철학자 셸링(F. W. J. Schelling, 1775~1854)은 "누가 시인인가?"라는 물음을 던진 후 다음과 같이 답한다. "모든 사람은 각자가 시인이다."

어떤 사람들은 예술세계는 자기들의 삶과 전혀 상관없고 전문적인 예술인들만이 예술을 소유한다고 생각한다. 그러나 시인이나 가수라고 우리가 부르는 사람들은 사회적으로 그렇게 일컬어지는 것이고, 우리들 각자는 근본적으로 화가이자 가수이며 시인이다.

예술은 나와 상관없는 것이 아니라 나의 삶의 핵심적인 요소이다. 나의 노래나 그림 그리고 나의 시를 내용과 형식에 있어서 정성껏 가다듬기만 한다면 나도 얼마든지 사회적으로 가수나 화가 또는 시인으로 일컬어질 수 있다.


## 사회적 예술의 특징

오늘날 소위 현대예술이라고 일컬어지는 예술에 있어서 예술가와 예술작품의 가장 커다란 위험은 예술이 획일적 상업주의에 물들어 있다는 것이다. 그렇지만 고대로부터 현대에 이르기까지 예술을 왜곡시키는 또 하나의 커다란 현상은 정치적, 사회적 예술이다.

정치적 예술의 대표적 예는 일본 식민지 시대의 우리 예술에서 찾아볼 수 있다. 지금도 유명 인물들로 기억되는 몇몇의 화가, 소설가, 시인, 음악가들은 일본을 찬양하는 작품들을 창작하였다. 이들의 작품들은 비록 내용과 형식에 있어서 예술성을 충분히 가지고 있다고 해도 작품의 내용과 형식은 일본의 지배를 긍정하고 지지하는 정치적 목표로 인해서 퇴색해 버리고 만다.

독재자 무솔리니라든가 히틀러 시대의 예술 역시 국수주의적인 색채가 강했으며 독재정권을 찬양하는 것이었다. 이러한 예술들은 모두 현대의 획일적 상업주의에 물든 예술과 마찬가지로 부정적이며 퇴폐적인 예술일 수밖에 없다.


## 예술과 삶의 의미

풍요로운 문화는 인간의 삶을 건강하게 해준다. 도덕, 종교, 학문과 함께 생동하는 예술이 펼쳐지는 곳에서 인간은 살만한 가치가 있는 삶의 지평을 접할 수 있다.

만일 인간이 미적 가치를 보장하는 예술을 상실한다면 인간은 삶의 아름다움마저 잃어버릴 것이다. 예술은 인간의 정서와 아울러 삶 자체를 아름답게 한다.

# 예술작품의 가치


## 예술작품의 감각적 가치

　우리들은 자연대상을 자연과학적으로 탐구할 때 오직 자연적 사실에 관한 법칙만을 따진다. 예컨대 수소분자와 산소분자가 합치면 물이 된다고 할 때 우리들은 수소분자와 산소분자가 합치는 사실만을 탐구하고, 수소분자와 산소분자가 합치면 선하다든가 아니면 아름답다고 말하지 않는다. 그렇지만 우리들은 인간의 행동에 관해서는 사실을 넘어서서 의미와 가치를 말한다. 예술활동은 일종의 인간의 행동이기 때문에 예술활동에 대해서 우리는 사실만을 언급하지 않고 의미와 가치를 말한다.

　　"저 그림은 완전히 추상화야. 잘은 모르겠지만 저 추상화는 고뇌하는 현대인의 모습을 저렇게 어두운 색깔과 예리한 선으로 표현한 것이 틀림없어. 어쨌든 아주 멋있어."

"이 연주회에 와서 연주를 듣고 뭐 느낀 것 없어? 어쩐지 좀 낯설지 않아? 전통 국악과 서양의 현대음악을 접목시킨 것이 상당히 낯설다는 느낌을 불러일으키는데. 그런 대로 흥겹다는 느낌이 들지 않았어? 전혀 성격이 다른 음악을 교묘하게 접목시킨 것이 어쩌면 짜릿한 멋까지 느끼게 한단 말이야."

"이 소설 읽어본 일 있어? 이 소설은 베스트셀러도 아니고 이름이 잘 알려지지 않은 작가가 쓴 것이지만 차츰 읽은 사람들의 입에서 입으로 소설의 가치가 전해진다면 두고두고 읽힐 책이야. 상당히 난해한 감이 들긴 해도 끝까지 읽고 나면 가슴 가득히 감동이 밀려들어 와. 이토록 웅장한 아름다움을 느끼게 해주는 소설은 오래간만이야."

우리들은 미적 감정(정서)을 가지고 예술작품을 표현한다. 우리들은 미적 감정을 가지고 있기 때문에 미적 체험을 할 수 있다. 또한 미적 감정을 가지고 있으므로 미적 체험, 표현 및 이해의 순환관계를 구성할 수 있다. 미적 감정은 예술작품을 하나의 사실로서 설명하지 않고 예술작품을 가치 있는 예술활동으로 느낀다.

감각적 가치란 무엇을 말하는가? 우리들이 미적 관찰자로서 순수하게 감각적 현상의 대상으로부터 즐거움이나 만족을 느낄 때 우리가 예술작품이나 자연에서 붙잡을 수 있는 가치가 바로 감각적 가치이다.

"지난 여름 중국 계림에 관광갔다 온 일이 있어. 계림에서 본 옥돌의 광채는 지금도 눈앞에 아른거려. 수만 년의 숨결을 고스란히 간직한채 은은히 빛나는 청옥의 색깔은 신비스러울 정도로 아름다웠어."

"좀 흐린 날이었어. 산 정상 가까이 올라가서 아래를 내려다보니 울창한 나무들이 계곡 주변을 빽빽하게 감싸고 있었어. 안개는 계곡과 숲을 휘휘 감아 돌고 있었고……. 그런데 어디선가 구성진 피리소리가 들려오는 거야. 마치 신선이 부는 피리소리 같았어. 산과 안개와 숲과 피리소리에 온몸이 녹아 드는 기분이었다니까."

우리들은 옥돌의 광채, 구슬픈 피리소리, 쪽빛 하늘, 바이올린의 음색, 모나리자의 잔잔한 미소 등에서 감각적 가치를 찾는다. 예술작품의 색깔, 구조, 음조들을 즐길 때 우리들은 예술작품의 감각적 가치를 발견한다. 옥돌이나 피리 또는 하늘 자체가 우리들에게 감각적 가치를 주는 것이 아니고, 그것들의 구조, 색깔, 형태 등의 표현이 우리들에게 감각적 가치를 가져다 준다.

## 예술작품의 형식적 가치

예술작품의 조직이나 색깔 또는 음조는 감각적 가치로서 우리들을 즐겁게 해주긴 해도 그것들만 가지고 우리들은 지속적으로 즐거움을 느끼지 못한다. 예술작품의 조직이나 색깔 또는 음조가 어떻게 조화롭게 배열되어 있는가에 따라서 우리들은 보다 더 즐거운 미적 체험을 하게 된다. 예술작품의 조직이나 색깔 또는 음조 등 요소들의 형식적 관계가 우리들의 주의를 끌면서 우리를 즐겁게 한다. 예술작품의 감각적 가치는 형식적 가치가 없이는 지속적인 미적 쾌감을 가져다 줄 수 없다.

"이 그림은 색깔도 아름답지만 붉은색과 푸른색의 배합이 아주 조화로워서 한층 더 아름다운 거야."

"모짜르트의 피아노 협주곡들은 음들이 질서있게 배열되어 있기 때문에 더욱 더 아름답게 들리는 거지."

예컨대 음악에서 장조나 단조의 가락은 여러 개의 음들로 형성된다. 장조에서 음들은 서로 달라도 동일한 음관계의 연속이 존재한다. 우리는 예술작품에서 형식과 형태를 구분한다. 예컨대 조각과 같은 시각예술에서 형태는 한 국면에 불과하다. 그러나 조각형식은 형태와 달리 조각이라는 예술작품에서 부분들의 전체적인 상호관계이자 동시에 예술작품 전체의 구조이다.

형식 곧 예술작품 전체의 구조이면서 부분들의 전체적인 상호관계는 바로 유기적 통일이다. 예술형식은 예술작품의 유기적 통일이다. 그러므로 형식의 원리는 통일 속의 다양성이기도 하다. 예컨대 소나타 형식은 부분 부분의 음들을 하나의 전체로 통일시키는 음악의 형식이다.

# 예술 작품의 삶의 가치

예술작품의 감각적 가치와 형식적 가치는 서로 긴밀하게 연관되어 있다. 감각적 가치나 형식적 가치는 색깔, 형태, 음, 단어의 배열 등과 같은 매체가 포함하는 가치이다. 그렇지만 예술의 바깥의 삶으로부터 예술로 도입되는 가치가 있다. 삶의 가치는 매체에 포함되어 있는 감각적 가치나 형식적 가치와는 달리 밖으로부터 매체를 통해서 들어온다.

문학작품에서는 예술 외부의 개념이나 이념이 단어를 통해서 표현된다. 슬픔이나 기쁨 등은 색깔이나 음을 통해서 미술이나 음악에 표현될 수 있다.

지금까지 살펴본 것처럼 훌륭하고 위대한 예술작품은 감각적 가치, 형식적 가치 및 삶의 가치가 함께 조화롭게 어우러질 때 비로소 태어날 수 있다.

# 플라톤의 예술론

## 예술과 기술

오늘날 우리들이 접하는 예술철학의 거의 모든 주제들을 철학적으로 고찰하기 시작한 사람은 물론 아리스토텔레스지만, 아리스토텔레스보다 앞서서 문제제기를 한 철학자는 플라톤이다. 플라톤은 그의 전체 대화편에 걸쳐서 수많은 예술철학의 문제들을 제시하고 음미하였다.

플라톤은 예술을 시각예술, 문학예술, 음악예술로 나누어 논하였다. 시각예술은 회화, 조각, 건축이다. 문학예술은 서사시, 서정시, 극시이다. 음악예술은 춤과 노래가 혼합된 예술이다.

어떤 것을 만들거나 또는 행하는 모든 재주를 포함하는 기술(테크네)이 바로 예술이다. 목공술과 노래 부르는 일로부터 정치에 이르기까지 모든 기술은 예술이다. 기술은 획득적 기술과 생산적 기술로 구분된다. 획득적 기술은 밥을 먹거나 걸어가는 몸에 밴 기술이다.

생산적 기술은 현실적 대상의 생산과 이미지(꼴이나 형태)의 생산으로 구분된다.

플라톤이 말하는 현실적 대상과 이미지는 각각 무엇인가? 현실적 대상은 신이 만든 계획이나 요소 곧 자연현상이다. 이미지는 인간이 만든 집, 칼, 의자 등이다. 원래의 대상이 따로 있고 그 대상을 본따서 만든 상을 일컬어 이미지라고 한다.

이미지는 원형에 대한 모사이고 원래의 것(원형)이 지닌 기능을 수행할 수 없다. 나 자신이 원래의 모습이라고 할 것 같으면 거울에 비친 나는 이미지이다. 이러한 입장에서 플라톤은 회화, 극시, 노래 등을 당연히 이미지로 본다.

예술은 모방의 모방이다.

플라톤에 의하면 예술은 이미지를 생산하는 것 곧 모사(미메시스)에 지나지 않는다. 플라톤이 말하는 그리스어 미메시스(모방)는 참여, 동일함, 닮음 등의 뜻을 가진다. 즉 이미지는 원래의 형상에 참여하거나 동일하거나 아니면 닮았다는 것이다.

플라톤은 사물들을 세 가지 차원에서 본다. 우선 현상사물이 있다. 내 눈앞에 있는 저 붉은 장미꽃은 현상사물로서 영원불변할 수 없다. 저 붉은 장미꽃은 정신적으로 영원불변한 원형(이데아)인 장미꽃의 모방 내지 그림자이다. 말하자면 장미꽃이라는 정신적 개념은 영원불변하고 그것을 닮은 현실의 장미꽃은 정신적 개념으로서의 장미꽃의 모방이다.

그러면 회화, 극시, 노래 등은 무엇의 모방인가? 그것들은 현실사물이나 사태의 모방이다. 현실사물은 영원한 원형(개념적 실재)의 모방이고 예술은 다시 현실사물의 모방이라면 예술은 결국 모방의 모방인 셈이다. 플라톤은 의사의 기술과 화가의 기술을 구분한다.

의사는 아픈 곳을 치료하기 때문에 순수한 기술을 소유한다. 그러나 화가가 침대를 그릴 때 화가는 침대를 만드는 것이 아니라 눈에 보이는 이미지로서의 침대를 그리기 때문에 그는 사이비 기술을 소유한다. 플라톤에 의하면, 여성들의 화장술도 건강 자체를 우리에게 가져다주는 순수한 기술이 아니고 겉으로 건강한 것처럼 보이게 하는 사이비 기술에 지나지 않는다.

플라톤이 보기에 예술은 현상사물을 모방하기 때문에 모방의 모방일 뿐만 아니라 사이비 기술이다.


## 아름다움

플라톤은 아름다움이 무엇을 뜻하는지를 고찰하는데, 이러한 고찰은 후에 플라톤의 제자인 아리스토텔레스의 예술미의 토대가 된다. 건축가는 왜 훌륭한 건물을 건축하는가? 플라톤에 의하면 건축가는 아름답게 보일 작품(모사물)을 만들기 위해서 건축한다.

예술은 매우 다양하게 아름다움을 표현한다. 플라톤이 뜻하는 아름다움은 작용하기에 적절함 또는 작용하기에 알맞음의 의미를 가진다. 플라톤이 말하는 아름다움은 세 종류가 있다. 우선 불변하는 원형(이데아)으로서의 개념적인 아름다움이 있다. 다음으로 아름다움의 이데아를 모방한 현실사물의 아름다움이 있다. 마지막으로 현실 사물의 아름다움을 모방한 예술적 아름다움(예술미)이 있다.

아름다움 자체(아름다움의 이데아)로 가는 길은 플라톤의 대화편 《잔치》에 가장 잘 표현되어 있다. 아름다움에 대한 사랑(에로스)을 가진 사람은 우선 신체의 아름다움으로부터 정신의 아름다움으로 나아간다. 다음으로 그는 제도, 법, 학문 자체의 아름다움으로 나아간다. 마지막으로 그는 아름다움 자체로 향해서 나아간다.

아름다움은 무엇인가? 어떤 대상에서 아름다움이 표현될 수 있는 조건은 어떤 것인가? 플라톤에 의하면, 아름다운 사물들은 수학적 척도에 따라서 부분과 부분의 적절한 비율을 소유한다. 척도의 성질과 비율은 변하지 않고 아름다움과 탁월함을 구성한다. 플라톤은 예술을 모방의 모방이며 사이비 기술이라고 평가했음에도 불구하고 그의 아름다움에 관한 이론은 그 이후 예술철학의 예술미 이론에 매우 큰 영향을 미쳤다.


## 예술과 도덕

플라톤은 인간의 다양한 기술들 중에서 입법자와 교육자의 기술을 최고의 기술로 꼽는다. 왜냐하면 입법자와 교육자는 예술을 비롯해서 다른 모든 기술들에 관해서 언급하고 평가할 수 있기 때문이다. 입법자와 교육자는 사회 전체의 질서를 유지하여야만 한다.

예술과 관련해서 볼 때 입법자와 교육자는 예술이 백성에게 미치는 영향을 평가해서 예술을 통제하는 것이다. 예술에는 향유가능성이 있고, 아름다운 한 순수하고 해롭지 않은 기쁨을 선사한다. 그러나 비극이나 희극 등 극시는 고함치고, 울부짖으며, 크게 웃음으로써 바람직하지 못하게 행동하는 인물을 표현한다.

극시는 관객을 지나친 울음이나 웃음 속으로 몰고 간다. 극시는 관객에게 무가치하면서도 해로운 영향을 가져다 준다. 플라톤은 신과 영웅들의 부도덕한 행동에 관한 이야기가 청년의 교육에서 배제되어야 한다고 주장한다. 또 백성을 무력하게 만드는 음악은 적절한 다른 음악으로 대치되어야 한다고 역설한다.

플라톤은 예술을 통제하기를 주장한다. 그럼에도 불구하고 그는 아름다움과 밀접하게 연관된 척도가 선이나 덕과도 긴밀하게 연관되어 있다고 본다. 예술이 비록 모방의 모방이라고 할지라도, 최선의 시와 음악과 춤은 인간교육에 불가결한 수단이다. 창조적 예술가의 선은, 설령 그것이 사이비 기술이라고 할지라도, 최선의 것이라면 모든 시민의 선과 마찬가지로 보편적 선에 속한다. 플라톤에 의하면 예술은 어디까지나 인간의 도덕적 선에 기여할 때만 가치가 있는 것이다.

합리적으로 생각하기

# 현실과 이상

## 현실의 의미

서양 중세의 교부철학을 대변하는 성 아우구스티누스는 《고백록》에서 시간에 관해서 다음과 같이 말하였다. "일상생활에서 나는 시간에 관해서 매우 잘 알고 있는 것처럼 생각한다. 그러나 막상 누군가가 나에게 시간이 무엇이냐고 묻는다면 나는 시간이 무엇인지 아무 것도 모르고 있는 나 자신을 발견한다." 사실 우리들은 하루하루를 시간에 따라서 규칙적으로 살아간다. 그러면서도 어느 누구도 시간이 무엇인지 모르면서 생활하고 있다.

많은 사람들이 현실과 연관해서 여러 가지로 말한다.

"이 어려운 경제현실을 극복하기 위해서는 노동자와 기업가가 서로 협력하지 않으면 안 됩니다."

"현실은 어떻든 간에 괴로운 것이야. 그렇지만 현실을 직시함으로써 현실로부터 도피하지 말고 현실을 극복할 때 비로소 인간은 자신의 목적을 달성할 수 있다."

"우리의 정치현실은 아직도 어둡다. 이렇게 장기간 같은 민족이 남북으로 분단되어 있다는 것은 민족의 비극이다. 희망적이며 밝은 정치현실을 이룩하기 위해서는 무엇보다도 남북통일을 이룩하지 않으면 안 된다."

"현실은 매우 복잡하다. 현실문제를 해결하기 위해서는 합리적 사고가 절실히 요구된다."

위의 말들을 살펴볼 때 현실은 어떤 의미를 가지고 있는가? 인간의 삶이 펼쳐지고 있는 장소(지평)를 일컬어서 우리는 현실이라고 부른다. 현실을 살아가는 인간은 다른 동물과 달리 인간만의 고유한 특징을 가지고 있다. 인간의 고유성을 가리키는 말들은 수없이 많다.

"인간은 이성적인 동물이다."
"인간은 사회적 존재이다."
"인간은 웃을 줄 아는 동물이다."

나는 인간의 고유성을 나타내기 위해서 "인간은 목적 지향적으로 사고하는 존재이다"라고 인간을 정의하고 싶다. 인간의 목적은 참다움(진), 착함(선) 그리고 아름다움(미)일 수 있다. 진·선·미는 모두 현실에서 구체화될 수 있다. 따라서 진·선·미 자체는 이상이다. 니체는 "인간은 짐승과 신 사이에 걸려있는 밧줄이다"라고 말하였다. 인간의 현실은 짐승 쪽에도 한 발을 딛고 있고, 또 신 쪽에도 한 발을 딛고 있으므로 갈등과 모순을 겪지 않을 수 없다.

인간은 충동적 욕망을 원초적으로 소유한 동물이다 현실은 영국 경험론 철학자 홉즈가 말한 것처럼 "만인의 만인에 대한 전쟁"의 상태이며 또한 "인간의 인간에 대한 늑대" 상태이다. 현실은 갈등과 모순으로 가득 차 있으며 해결하지 않으면 안 될 문제들로 충만하다. 현실 문제 해결의 실마리는 어디에서 찾을 수 있을까? 바로 삶의 목적 곧 이상에서 찾을 수밖에 없다.


## 플라톤의 이상국가

고대 그리스의 철학자 플라톤은 대화편 《국가》를 통해서 이상국가가 어떤 것인지 그리고 그것이 현실세계에서 어떻게 가능한지 상세히 설명하고 있다.

플라톤에 의하면 지혜, 용기, 절제는 인간의 세 가지 중심적인 덕이다. 이들 세 가지가 조화를 이루는 것이 바로 정의이다. 가장 조화로운 국가는 정의가 실현되는 국가이고 플라톤은 그러한 국가를 이상으로 삼았다. 플라톤(기원전 427~347)이 살았던 시기는 그리스 말기로써 정치적으로 혼란한 때였다. 이미 군주정치로부터 과두정치,

귀족정치 그리고 민주정치로의 변화가 있었고 그 당시는 민주정치시기로 혼란이 심하였다.

플라톤은 절제하는 생산자계급, 용기있는 무사계층 그리고 지혜로운 철학자 군주(왕)가 조화를 이루는 정의로운 국가를 현실에서 실현시키려고 하였다. 오늘날 집권계층에서 집단이기주의에 집착하여 국가 전체의 미래를 제대로 보지 못하는 현실을 대할 때 플라톤의 이상국가론은 우리들에게 매우 심원한 의미를 가져다 준다.


## 과거와 현재와 미래

보통 10대와 성인은 현재에만 몰두한다. 그런가 하면 노인들은 과거에만 집착한다. 이번 시험에서 얼마나 좋은 성적을 올릴 수 있을까? 월급 이외에 어떤 곳에 얼마를 투자하면 적당한 시간이 지난 후 얼마를 벌어서 아파트를 옮길 수 있을까? 직장에서 남들보다 빨리 진급하려면 어떻게 하여야 할까? 어떻게 하면 오늘 하루를 조금이라도 재미있게 보낼 수 있을까?

그러나 노인이 되면 현재에 적응하기에는 이미 힘이 없으므로 화려하고 아름다웠던 과거에 집착한다. 앞으로 살 날들이 얼마 남지 않았다는 허무감이 다가오기 때문에 노인들은 찬란한 지난날을 회상하면서 오늘 하루를 보낸다.

대부분의 10대는 현재에 몰두하면서도 빛나는 미래를 꿈꾼다. 위대한 정치가나 사업가 또는 예술가가 되겠다는 미래의 꿈이 10대들의 하루하루를 장식한다. 그러나 과거가 어디에 있는가? 과거를 아무리 찾으려고 해도 과거란 이미 지나간 것이기 때문에 아무 곳에서도 우리는 과거를 찾을 수 없다. 그러면 미래는 또 어디에 있는가? 미래는 아직 오지 않은 것이므로 미래 또한 어느 곳에서도 찾아볼 수 없다. 그러면 현재는 어떤가? 현재는 너무 빨리 지나가고 멈추지 않기 때문에 현재 또한 붙잡을 수 없다.

## 지금 속의 현실과 이상

성 아우구스티누스는 시간에 관해서 다음처럼 말하였다. "있는 시간은 오로지 지금뿐이다. 과거는 기억으로서의 지금이고, 현재는 감각으로서의 지금이며, 미래는 기대로서의 지금이다." 현대 프랑스 삶의 철학자 베르그송은 다음처럼 말하였다. "시간은 끊임없는 흐름이다. 지금은 끊임없이 흐른다. 끊임없는 흐름은 삶 자체이다." 우리들은 끊임없는 흐름으로서의 지금을 여러 가지로 잘라서 생각한다. 과거, 현재, 미래는 우리가 편하게 잘라서 생각하는 형식적 시간에 지나지 않는다.

그렇다면 현실과 이상은 바로 지금 속에 있다. 지금은 흘러가는 현실이다. 지금은 흘러가면서도 목적이 있다. 따라서 우리들 인간이 현실과 이상을 옳게 아는 일이 중요하다. 지금 속의 이상(삶의 목적)이 무엇인지 알고 흘러가는 현실을 전체적으로 옳게 파악할 때 우리는 이상에 맞게 현실의 모양을 개선할 수 있다.

# 창의적 인간상

## 일상생활의 특징

동서양의 철학사를 되돌아보면 가끔 커다란 호수를 찾아볼 수 있다. 서양철학사의 흐름 안에서는 플라톤, 아리스토텔레스, 아우구스티누스, 토마스 아퀴나스, 칸트, 헤겔, 하이데거 등을 엄청나게 큰 호수들로 비유할 수 있다. 현대철학의 가장 큰 호수는 아마도 하이데거일 것이다. 하이데거의 철학함의 출발점은 일상성이다.

우리들이 인간과 세계에 관해서 사고하기 시작할 때 가장 처음 대하는 것은 일상생활을 영위하고 있는 우리들 자신 곧 사람이다. 사람들은 매일 매일 삶을 이끌어 나간다. 하이데거는 일상생활을 살아가는 인간존재를 일컬어 현존재라고 부른다. 현존재는 매일 '지나침'으로서의 삶을 살아가고 있다.

"이거 누구야? 참 오랜만일세!"

"그래. 열흘 전에 보았던가? 그동안 별일 없이 지냈겠지?"

"아무렴! 자네도 잘 지냈지? 자네는 우리 집 잘 알고 있지? 여기서 멀지 않잖아? 지나는 길에 한번 들러 보게."

친구들끼리 오래간만에 길거리에서 만나면 흔히 지나가는 말로 집 근처를 지나갈 때 한번 들러 가라고 말하는 것이 우리의 습관이다. 하이데거는 일상성의 특징을 반복, 호기심, 지껄임, 권태 등이라고 말한다. 일상성은 자기반성과 자기성찰이 결여된 삶의 특징이다.

## 반복과 호기심

우리들은 매일 거의 똑같은 일을 되풀이하면서 크고 작은 모든 일에 호기심을 가진다. 남녀노소 모두 반복되는 삶 속에서 덤덤하게 매일을 보낸다.

"하루가 어떻게 지나가는지 모르게 너무 빨리 가 버리는 거 있지? 새벽에 후다닥 일어나서 아침을 먹는 둥 마는 둥 학교에 가면 매일 똑같은 영어, 국어, 수학······. 게다가 선생님들의 잔소리. 학교 끝나면 지하철 타고 학원에 가서 시달리다가 친구들하고 이리저리 잠시 어울리다 보면 벌써 집으로 가야 할 시간이 되고······."

"너희들은 아직 새파란 청춘이야! 배워서 남 주니? 학교에서 배우고 친구들과 놀 수 있는 것도 잠시야. 메뚜기도 한 철이라는 말이 있잖아? 이 엄마 생각은 눈꼽만큼도 하지 않는 거니? 매일 아침 두 남매 도시락 챙겨 주고 식구들 아침상 차리고 다들 나가면 설거지에다 청소에다 세탁에다 …… 잠시 쉴 틈도 없이 장보러 나갔다가 와서 집안 일 더 챙긴 후 저녁 준비에 정신이 없고……. 내가 왜 사는지 몰라."

대부분의 현존재 인간은 다람쥐 쳇바퀴 돌듯이, 물매암이가 쉬지 않고 원을 그리듯이 매일을 맴돌고 있다. 정신없이 되풀이되는 삶 속에서도 우리는 주변에 있는 모든 것에 그리고 옆에서 벌어지는 모든 일에 대해서 호기심을 가진다.

"요즘 아이들은 웬만하면 누구나 명품 하나쯤은 다 가지고 있어. 내 신발도 명품이야. 네 지갑 이것도 명품이니?"

"내 휴대폰은 약간 구식이야. 아까 보니까 네 휴대폰은 신형이더라. 그거 카메라 폰인거 같은데 맞지?"

"유진이는 여름방학 끝나더니 갑자기 영어발음을 굴리는 것이 아무래도 방학동안 어학연수 갔다온 거 같아. 그래. 맞지? 그런데 유진이네 가정사정이 넉넉치 못하다고 들었는데 어디서 돈이 나서 한달 반 동안이나 미국에 어학연수를 갔다 오지?"

우리들은 시간과 장소를 가리지 않고 종일토록 호기심에 가득 차서 여기저기를 기웃거리다가 하루를 다 보낸다.


## 지껄임과 권태

일상생활 속에서 우리들은 별 의미없이 서로 떠들어 댄다. 대화, 토론, 담론, 의사소통 등은 의미있는 말하기이다. 대화는 두 사람 사이의 내면세계를 서로 주고받는 말하기이다. 토론은 비록 특정한 결론에 도달하지는 못한다고 할지라도 여러 사람들이 한자리에 모여서 각자가 자신의 입장을 주장하면서 상대의 견해를 비판하는 말하기이다. 그런가 하면 담론은 특정한 주제에 대해서 합리적이고도 체계적인 견해를 표명하는 말하기이다. 의사소통은 대화보다 한층 폭 넓은 것으로서 개인과 개인 그리고 개인과 집단 또는 집단과 집단 사이의 개방적인 말하기이다.

지껄임은 지나침과 비슷하다.


"오늘 점심에는 오래간만에 자장면을 먹어야겠어. 설렁탕이나 우동을 자주 먹었더니 속이 느글거려서 말이야. 자장면은 약간 자극적인 맛이 있잖아?"


"연진이가 오늘 입은 청바지는 꽤 비싼 것 같더라. 등록금도 내지 못해 쩔쩔매면서 옷은 비싼 것만 입고 다니는 것을 보면 뭔가 잘못되어도 단단히 잘못된 애야!"

지껄임은 말하기보다 오히려 소리에 가깝다. 별 의미가 없는 음을 가리켜서 우리는 소리라고 한다. 바람소리, 물소리, 새소리, 개소리 등은 별 의미가 없으며 인간의 지껄임도 별 의미가 없는 소리에 해당한다. 소리는 권태로운 음이다.


## 삶의 내용과 창의성

일상적 삶은 형식과 내용을 가지고 있다. 우리들이 일상적 삶의 형식 곧 일상성에만 빠져 있으면 우리들은 지나침, 호기심, 반복, 권태 등의 형식으로 찌든다.

삶의 내용을 절실하게 체험할 때 비로소 우리들은 "내가 인생에서 일곱 번째 좌절했던가? 좋다. 여덟 번째 나는 반드시 일어서고야 만다"라고 다짐하면서 역동적이고 창의적인 삶의 모습을 형성할 수 있다.

우리 나라의 젊은 피아니스트들을 예로 들어보자. 아이들은 형식적 테크닉에 몰두하여 정말 천재적으로 피아노를 연주한다. 그러나 나이가 들수록 처절한 삶의 내용에 대한 체험이 부족하고 계속해서 형식적 테크닉에만 빠져있으므로 예술가로서의 생명이 시들어 버리고 만다. 피아노 연주 테크닉은 완벽해도 음악의 생명을 연주할 줄 모른다.

과감히 일상을 벗어나서 자기성찰의 기회를 가질 필요가 있다. 삶의 형식을 탈출하여 삶의 내용을 처절히 체험할 필요가 있다. 창의

성은 누워서 쉽게 얻어지는 것이 결코 아니다. 창의적 인간상만이
보람있는 삶을 약속한다.

# 의사소통과 공동체 의식

## 이익사회와 공동사회

독일의 사회학자 퇴니스(1855~1936)는 사회를 이익사회와 공동
사회 두 가지로 구분하였다. 이익사회와 공동사회는 현실적으로 따
로 떨어져 있는 것이 아니고 현실적인 사회는 어떤 것이나 이익사회
의 측면과 공동사회의 측면을 다 가지고 있다. 현실 사회는 이들 두
측면을 모두 가지고 있음에도 불구하고 어떤 측면이 더 강한가에 따
라서 이익사회와 공동사회로 구분될 수 있다.

예컨대 가정 하나만 놓고 볼 때 각 개인은 우선 자기 자신의 이익
만을 추구하는 이기적 측면이 있다. 그렇지만 핏줄로 이어진 가족
구성원들은 서로 협력하면서 가족을 위해서 자신을 희생하고 양보하
는 측면이 더 강하다.

"엄마가 뭐겠니? 너희들 자식을 위해서라면 목숨까지 바칠 수 있는 것

이 엄마가 아니겠어? 이 엄마는 너희들을 이대로 가만히 내버려 둘 수 없어. 이 엄마는 어떻게 되든 너희들이 잘되기만을 바란다. 내가 이토록 고달프게 파출부 일까지 해 가면서 너희들을 뒷바라지하는 것은 엄마로서 해야 할 당연한 일이야."

"나는 아빠가 늘 나에게 엄한 것에 대해서 불만이 없는 것은 아니야. 그렇지만 아빠가 내게 엄한 것은 다 내 앞날을 위한 거라는 사실을 나도 알고 있어. 아빠가 건강도 좋지 않은데 저렇게 자주 술 마시는 건 모두 나 때문이야. 나는 요새 정신 좀 차렸어. 아빠 속을 썩여드리지 않기로 하루에도 몇 번씩 다짐하고 있어. 이 세상에 단 한 분밖에 없는 아빠에게 이렇게 불효하다니 나야말로 정말 쓸모 없는 존재야. 큰 효도는 못하더라도 이제부턴 아빠를 즐겁게 해드릴 수 있는 일들만 찾아야겠어."

가정은 구성원 각자가 자신의 이익을 추구하더라도 서로 함께 도와가면서 살려는 공동체 의식이 강하다. 그러나 막상 학교나 직장처럼 정작 사회가 형성되면 개인이나 집단의 이기주의가 매우 강해진다. 혈연이나 지연 또는 학연에 의한 갈등과 알력은 이익사회의 모습이 어떤 것인가를 잘 보여 준다. 봉건적인 지주와 소작인의 갈등, 자본주의 사회에서 노동자와 경영자간의 알력 등은 바로 이익사회의 대표적인 측면이다.

# 닫힌 사회와 열린 사회

현대 사회철학자 포퍼(1902~1994)는 《열린 사회와 그 적들》이라는 저서에서 퇴니스처럼 사회를 두 가지로 구분하고 인간에게 바람직한 사회는 열린 사회임을 역설한다. 닫힌 사회는 이익사회와, 열린 사회는 공동사회와 깊은 관계가 있다.

홉즈(1588~1679)는 인간의 자연상태를 짐승의 상태와 유사한 것으로 보았다. 홉즈는 인간의 자연상태를 "만인의 만인에 대한 전쟁" 그리고 "인간의 인간에 대한 늑대" 라고 일컬었다. 인간의 자연상태는 전적으로 이익사회의 측면만 가진다는 것이다. 인간은 서로를 보존하기 위해서, 다시 말해서 공동사회를 이룩하기 위해서 계약을 맺게 된다는 것이 홉즈의 견해이다.

포퍼의 닫힌 사회와 열린 사회는 홉즈의 사회철학보다 한 걸음 더 나아간 이론이다. 포퍼에 의하면 독단적 철학사상 곧 이데올로기에 의해서 사회가 지배당한다면 그런 사회는 인간의 자유와 평등 및 정의가 무시당하는 닫힌 사회라는 것이다. 인간 상호간의 대화와 의사소통에 의해서 점진적으로 사회의 문제들이 해결될 수 있는 사회가 바로 열린 사회이다.

우리들은 상식적으로도 어떤 사회가 열린 사회이고 또 어떤 사회가 닫힌 사회인지 잘 알 수 있다.

"박정희 정권 시대는 참으로 인권이 암울한 때였어. 세 명만 한 곳에 모여서 이야기해도 감시당하고 끌려갔어. 머리카락이 길다고 그리고 치마 길이가 짧다고 파출소에 붙들려 갈 정도였어. 물론 언론의 자유도 없었어. 신문의 기사가 검열당하고 어떤 글자들은 삭제되어서 흰 바탕만 보이기도 했어."

"나는 독일이 통일되기 전 몇 차례 동독을 여행할 기회가 있었네. 큰 공장이나 건물 벽에는 '노동자여 단결하라', '사회주의 만세' 등이 붉은 글씨로 큼지막하게 써 있어서 섬뜩한 느낌이 들었어. 그리고 대부분의 성인남녀가 모두 제복을 입고 오가는 것을 보면 이거 무슨 군대나라인가 하는 생각이 들었어. 정말 숨막히는 광경이었다니까."

대화와 의사소통이 금지된 사회, 오직 강요된 사고와 행동만 허락되는 사회는 닫힌 사회이다. 그러나 인간의 자유, 평등 및 정의가 보장되는 사회는 열린 사회이다. 열린 사회는 바로 공동 사회와 가장 가까운 사회라고 말할 수 있다.


## 의사소통

소크라테스(기원전 약 470~399)는 철학방법론으로 산파술과 반어법(反語法)을 사용하였다. 당시 궤변철학자들(소피스트들)은 돈 받고 지식을 팔았지만, 소크라테스는 지식이란 각자가 잉태하고 출산하는 것이고 자신은 단지 산파처럼 출산을 도와 줄 뿐이라고 주장하였다. 그는 아무것도 알지 못하는 입장에서 상대방에게 정의나 선

등에 관해서 물어 보고 상대방의 답을 반박함으로써 참다운 앎을 얻고자 하여 반어법을 사용하였다.

소크라테스의 반어법은 인간과 인간 사이의 일종의 대화술이다. 현대철학에서 인간의 사회문제들을 해결하기 위해서 사용하는 담론이나 의사소통 등은 소크라테스의 대화술로부터 발달하였다고 말할 수 있다.

우리들 인간에게 바람직한 사회는 공동사회이며 열린 사회이다. 공동사회나 열린 사회를 위해서는 공동체 의식이 필수적이다. 공동체 의식은 어떻게 가능한가? 의사소통만이 유일한 해결책이다. 모두가 입을 꼭 다물고, 자기 자신만의 이익을 고집하며, 남을 지배하고 이용하려고 한다면 의사소통의 길은 영영 막히고 만다.

각 인간은 수단이 아니라 목적 자체라는 확실한 신념을 가지고 끝까지 문제에 대한 모든 견해를 서로 터놓고 이야기할 때 비로소 문제해결의 실마리가 하나씩 풀려 나갈 수 있다.

# 합리적으로 생각하기

## 이성의 결과

많은 사람들은 이성이 있다고 믿는다. 이성이란 무엇일까? 독일의 계몽철학자 칸트의 이성에 대한 견해는 다음처럼 요약될 수 있다.

> "인간이 대상을 아는 인식능력에는 감성, 오성, 이성이 있다. 감성은 감각의 인지능력으로서 대상을 받아들여서 대상의 상을 만든다. 오성은 그 상을 개념으로 만든다. 이성은 부분과 전체를 판단하는 능력이다."

칸트는 대체로 이성을 위와 같이 보았음에도 불구하고 다른 한편으로 이성을 이론이성과 실천이성으로 나누기도 하였다. 자연에 법칙을 부여하는 능력은 이론이성임에 비해서 인간의 자유로운 행동에 관해서 판별하는 능력은 실천이성이다. 다음 두 예문 중에서 앞의 글은 이론이성을 그리고 뒤의 글은 실천이성을 알게 해준다.

"모든 사물들에는 특정한 원인이 있으면 특정한 결과가 있다. 인간은 이론이성에 의해서 인과법칙을 안다."

"나의 행동은 자유롭다. 나는 선한 의지에 따라서 행동하였다. 내 행동이 자유롭다는 것 그리고 내가 선하게 행동했다는 것을 아는 것은 바로 나의 실천이성이다."

칸트의 이성에 선행하는 이성을 주장한 사람은 17세기의 데카르트였다. 데카르트는 "나는 생각한다. 그러므로 나는 존재한다"라고 하여 인간이 본래부터 이성적 존재임을 확신하였다. "나는 생각한다. 그러므로 나는 존재한다"는 철학의 가장 근본적인 원리이고 이로부터 자아가 존재한다는 사실이 명백하게 나타난다. 데카르트에 의하면 철학의 근본원리로부터 가장 명확하고 분명하게 밝혀지는 네 가지 관념들은 자아, 신, 논리적 법칙 및 물질의 공간성이다. 이성의 결과는 명확성이자 완전성이었다.


## 전지전능함과 이성

근대 이후 우리들은 중세를 일컬어 암흑시대라고 부른다. 중세는 넓게 잡아 2세기로부터 14세기까지 이르는 매우 긴 시간이다. 중세에는 신 중심의 신학이 철학을 대신하였으며 따라서 참다운 의미에서의 과학이나 철학이 독립적·자발적으로 발전할 수 없었다.

기독교에 의하면 신은 자신의 모습을 본으로 삼아 인간을 창조하였다. 인간은 신의 모사물(imago Dei)에 지나지 않았다. 신의 전지전능함(Intelligentia : 인텔리겐치아)은 인간에게 있어서 지성(intellectus : 인텔렉투스)으로 나타나게 되었다. 신의 전지전능함은 그리스 철학의 로고스(우주적 이성)와 결합하여 절대적인 것으로 되었다.

근대에 들어와서 철학과 신학이 분리되었다. 철학은 자연세계를 탐구하고 신학은 초월적인 것을 탐구하여야 한다고 하여 더 이상 서로 간섭하지 않게 되었다. 철학과 자연과학에서 인간은 더 이상 신적인 초월세계를 끌어들이지 않았다. 베이컨과 같은 근대 영국경험론자는 "지식은 힘이다(knowledge is power)"라고 함으로써 인간의 능력을 신적인 것으로 고양시켰다.

철학과 자연과학에서 이제 인간은 신의 자리에 대신 들어섰고 인간은 거의 전지전능한 이성을 가진 존재였다.


## 합리성은 괴물인가?

다음과 같은 말들은 어떤 뜻을 가지고 있을까?

"어려운 일일수록 합리적으로 해결하여야 한다."

"갈등과 분쟁을 해결할 수 있는 가장 바람직한 방법은 합리적인 의사소통일 뿐이다."

위의 두 주장에서 알 수 있는 합리성은 조리 있음, 순리에 맞음 또는 조화로움이다. 그러나 이미 앞에서 말한 것처럼 현대인들이 추구하는 합리성은 절대성과 완전성이다. 이제 인간은 신의 자리를 대신 차지하고 자만과 오만에 빠져서 인간중심주의 사고에 젖어 있다.

우리들은 완전하고도 절대적인 컴퓨터를 만들기 위해서 온갖 힘을 다 쏟는다. 이제 인간은 절대적이면서도 완전한 비행기, 휴대전화, 텔레비전, 전쟁무기 등은 물론이고 절대적이며 완전한 자동차, 아파트, 인간 신체 등을 만들기 위해서 삶의 모든 것을 다 바친다. 이제 인간의 삶은 더 이상 다양하지도 않고 다원적이지도 않다.

현대인은 절대적이며 완전한 돈과 물질이 절대적이고도 완전한 삶을 보장해줄 수 있다고 확신하면서 그러기 위해서 가장 중요하게 사용될 수 있는 것이 합리성이라고 믿는다. 합리성은 더 이상 조화로움이 아니라 이성의 완전성과 절대성이라는 일차원만을 강조하는 괴물이 되어 버렸다.


## 합리성을 되살리자

그러면 인간은 더 이상 생동하고 창조하는 인간이기를 포기하고 단지 욕망의 기계로 계속해서 만족하여야만 하는 것일까? 절대로 그렇지 않다. 우리들 인간은 다양하며 다원적인 지나간 날들의 흔적 곧 문화를 내면에 간직하고 있다.

인간과 짐승과 나무와 풀 그리고 하늘이 한데 어울려 조화를 이루는 세상에서 고대로부터 오늘날까지 우리들 인간은 다양한 문화업적을 이룩하여 왔다. 이제야말로 참다운 의미의 합리성을 찾아야 할 때이다. 다양하고 다원적인 삶의 조화로움이라는 합리성을 찾을 때 비로소 우리들 인간은 창조적이며 열린 삶의 주인이 될 수 있다.

## 합리적인 사고와 행동

어떤 문제에 직면했을 때 질서있게 그리고 조화롭게 생각하는 것이 바로 합리적 사고이며 그러한 사고에 따라 행동하는 것이 합리적인 행동이다. 일차원적으로 절대성과 완전성만 추구하는 것은 합리적 사고가 아니라 지극히 편파적인 지성적 사고에 지나지 않는다.

현대인의 종말은 금전만능과 물질만능의 일차원적 삶에서 나타나고 있다. 자발적으로 그리고 창조적으로 삶을 이끌어 나가는 인간성을 회복하기 위해서는 다원적인 전체와 부분을 질서있게 생각하고 동시에 질서와 조화를 가지고 문제를 해결하지 않으면 안 된다.

건전한 청소년 문화가 시급하다

# 정의로운 사회

## 사회의 차별

인간은 사회적 존재이다. 인간은 개미나 벌과 같은 단순한 사회적 존재가 아니라 뇌신경세포가 엄청나게 많고 복잡한 사회적 존재이다. 인간은 어떤 다른 동물보다 월등하게 복잡한 사유, 감정, 욕망을 소유한 사회적 존재이다.

사회적 협동으로부터 각각의 인간에게는 불이익과 이익의 차별이 생기기 마련이다. 한편으로 인간은 누구나 남을 지배하고자 하며 오로지 이기적으로 자신의 이익만을 추구한다. 그런가 하면 다른 한편으로 인간은 타인을 나와 마찬가지로 목적으로 여기면서 인간들의 공통되는 선을 실현하고자 한다.

니체는 인간을 가리켜서 "신과 짐승 사이의 밧줄"이라고 말하였다. 사회생활의 결과로서 발생하는 갈등, 다시 말해서 각종 이익을 차지하는 집단과 여러 가지 불이익을 입는 집단을 적절히 통제함으로써 균형 잡힌 사회를 실현하려면 무엇이 필요한가?

우리들은 현실 안에서 전혀 옳지 못한 것으로 판단되는 다양한 사례를 직접 접할 수 있다. 다음의 주장들을 살펴보자.

"우리 집에는 남녀불평등이 정당한 것처럼 여겨지고 있는데 이건 뭔가 크게 잘못된 거야. 나와 엄마는 여자이고 오빠와 아빠는 남자라서 생물학적으로 차이가 나지만 근본적으로 보면 모두가 똑같은 인간이야."

"권력이나 돈 가진 사람은 그렇지 못한 사람들의 위에 군림하면서 제멋대로 살아가고 있어. 내가 이렇게 열심히 노동해도 집 한 채 못 사고 매일 끼니 걱정을 해야 하다니 이게 어디 사람 사는 꼴이란 말인가? 적어도 공동체 사회에서는 모든 것이 골고루 분배되어야 하지 않겠어?"

독일 관념론 철학자 헤겔(1770~1831)은 역사의 이념은 자유를 실현하는 것이라고 보았다. 그가 원했던 인간상은 지배와 예속 모두를 극복하고 자유롭게 살아가는 시민사회의 인간이었다. 민주주의의 이념 역시 자유로운 시민 개인에 있다.

헤겔은 《역사철학》에서 역사의 발전단계를 아시아적 단계, 그리스·로마의 단계, 게르만의 시민사회 단계로 나누어 본다.

아시아적 단계: 오로지 왕만 자유롭고 모든 백성은 왕에게 예속되어 있다.

그리스·로마의 단계: 소수의 귀족들만 권리를 가지고 깨어 있어서 자유롭고 나머지 백성은 노예상태이다.

　게르만 시민사회 단계: 모든 국가의 백성이 시민의식을 가지고 있으며 각자가 모두 권리를 소유하며 자유롭다. 여기에서 헤겔이 말하는 게르만 시민사회 단계는 근대 유럽의 시민의식을 가진 인간의 단계를 말한다.

　각 개인이 자유를 실현함에 따라서 시민은 평등을 획득하게 됨으로써 사회정의가 구현될 수 있다는 것이 헤겔의 《역사철학》 안에 함축적으로 제시되고 있다. 어떤 인간은 수단이 되고 또 어떤 인간은 목적이 되는 그러한 차별사회를 극복하고 정의사회를 바람직한 사회로 실현하고자 하는 것이 소위 민주주의의 이념이기도 하다.

## 플라톤의 정의

　오늘날 우리들이 말하는 정의에 관해서 가장 체계적으로 생각한 최초의 철학자는 바로 고대 그리스의 플라톤(기원 전 427~347)이다. 플라톤은 자신의 영혼을 기반 삼아 윤리학을 세우고 다시 윤리학으로부터 체계적인 이상국가론을 제시한다.

　플라톤에 의하면 인간의 영혼의 능력에는 세 가지가 있다. 그것들은 사고능력으로서의 이성, 정서능력으로서의 감정, 욕망을 충족시키려는 욕구이다. 이들 세 가지 능력이 최대한으로 옳게 발휘될 때 인간은 가장 바람직한 인간이 될 수 있다.

　우리 나라도 예전에는 전인(全人)교육을 부르짖었다. 지식과 정서와 의지를 골고루 발달시키기 위해서는 육예를 배워야 했다. 육예는 예절, 음악, 활쏘기, 말타기, 글쓰기, 셈하기 등으로서 원래 고대 중국의 주나라 때 귀족계급의 자녀들을 위한 필수과목들이었다. 물론 편파적인 측면이 있긴 해도 육예는 올바른 인간을 만들기 위한 수단들이었다. 그러나 플라톤의 윤리학은 특정인이 아닌 국가의 백성들을 목적으로 삼고 있었다.

플라톤에 의하면 영혼의 능력들을 옳게 사용할 때 완전한 인간이 될 수 있다. 이성적 사유는 지혜로 되고, 정서는 용기로 되며, 욕구는 절제로 될 때 인간은 영혼능력을 옳게 사용했다고 말할 수 있다. 절제와 용기와 지혜가 조화를 이루면 이들 세 가지 덕들을 합친 덕은 최고의 덕인 정의이다.

플라톤은 윤리학적인 개인의 정의를 국가론에 확대한다. 왜냐하면 국가는 마치 한 인간 개인과 유사하게 조직된 유기체이기 때문이다. 개인의 지혜, 용기, 절제에 해당하는 것들은 국가에 있어서 왕, 전사, 생산자이다. 플라톤은 철학자 왕이 가장 지혜롭고 인간과 국가의 본질을 꿰뚫어 본다고 말하였다. 전사는 용기를 가지고 백성의 인권을 지켜 주어야 한다. 농부나 어민과 같은 생산자계급은 절제라는 덕을 가지고 산업에 종사하여야 한다. 이들 세 계층이 각각의 덕목을 최대한 발휘할 때 정의로운 이상국가가 실현된다. 현대사회는 고대 그리스의 아테네와 비교할 수 없을만큼 다양하고 복잡하지만, 오늘날에도 플라톤의 정의론은 우리들에게 많은 의미를 던져 주고 있다.

# 공정함으로서의 정의

21세기에는 이미 동서냉전도 끝났고 따라서 공산주의 대 자본주의의 이데올로기 대립도 거의 사라져 버렸다. 단지 비극적인 것은 한반도에서는 여전히 이데올로기의 대립이 있을 뿐만 아니라 같은 민족끼리 갈라져서 아직도 통일을 기약하기 힘들다는 사실이다. 군사정권을 벗어난 이후 우리 사회는 조금씩 정의로운 사회를 향해서 걸어왔다.

현대 윤리학자 롤즈는 공정함으로서의 정의를 역설하였다. 공정함으로서의 정의를 실현할 수 있는 인간은 자유롭고 평등하며, 정의라는 도덕감을 가진 시민이다. 특히 롤즈가 주장하는 정의는 분배의 정의이다. 누구는 권리만 가지고 또 누구는 의무만 가진다면 그러한 사회는 정의로운 사회가 못된다. 재산과 권력 그리고 모든 기회가 골고루 평등하게 분배되는 사회가 정의로운 사회일 것이다.

그러나 플라톤이 말한 것처럼 사회정의를 실현하기 위한 첫번째 조건은 자기성찰하면서 자기반성할 줄 아는 주체적, 자발적, 창조적인 인간존재이다.

# 현대사회는 바람직한 사회인가?

## 일차원적 사회와 일차원적 인간

마르쿠제(1898~1979)는 《일차원적 인간》이라는 저서에서 현대사회의 특징을 일차원적인 것에 있다고 보았다. 일차원적 사회 속에서 살아가는 인간은 당연히 일차원적 인간일 수밖에 없다. 우리들은 주변에서 다음과 같은 이야기들을 자주 들을 수 있다.

"고등학교 2학년이나 3학년 학생이 독서한다는 것은 현실적으로 불가능한 일이야. 당장 눈앞에 대학입시가 놓여 있는데 독서가 말이나 되겠어? 무슨 짓을 하든 일류대학에 들어가야만 장래 숨통이 조금이라도 트일 수 있으니 죽기 살기로 입시공부에 매달릴 수밖에 없어. 학생이나 부모 누구를 탓할 수도 없는 노릇이야. 사회가 다 그렇게 만든 거니까 말이야."

"현대사회는 참으로 무한경쟁 사회야. 고등학교 2, 3학년이면 늦어도 한참 늦어. 유치원 들어가기 전부터 아이들을 조기교육시켜야 머리도 좋아지고 경쟁사회에 적응할 수 있는 능력을 가질 수 있어. 요즘 엄마들이 돈이 많아서 아이들을 영재학원에 보내는 줄 알아? 다 그럴만한 이유가 있어서 그래!"

"직장인이 컴퓨터를 모른다니 그게 정상이야? 컴퓨터도 제대로 못하니까 명퇴 당할 수밖에 없지. 게다가 자격증도 두서너 개는 있어야 붙어 있을 수 있는 거 아니야? 경쟁을 뚫고 나갈 마인드가 제대로 갖추어져 있지 않으면 직장에서 일찌감치 도태 당하는 것 이외에 다른 도리가 없어."

남녀노소 할 것 없이 현대인은 누구나 무한경쟁의 현대사회에서 허덕이며 매일의 삶을 이끌어 가고 있다. 마르쿠제는 이와 같은 현대사회를 일차원적 사회라고 불렀다. 인간이 갈 수 있는 길은 다양하며 또 인간이 살아갈 수 있는 삶 역시 각양 각색이다. 그럼에도 불구하고 현대인은 오로지 하나의 길, 한 차원의 삶만 있는 것으로 생각하고 무조건 일차원적 사회의 삶을 살아가고 있다.

## 일차원적 사회의 특징

현대사회는 바로 일차원적 사회이며 그 안에서 인간은 한낱 욕망의 기계로서 일차원적 인간의 역할을 담당하고 있다. 일차원적 사회는 한마디로 디지털-사이버 후기자본주의사회라고 말할 수 있다. 이제 과학의 세계에서 아날로그방식은 낡아 빠진 구식으로 전락하였다.

이제 인간은 가장 빠른 시간 안에 최대한의 욕망을 충족시키기 위해 디지털방식으로 모든 기계들을 조종하고자 한다. 미국의 이라크 공격은 더 이상 아날로그방식의 공격이 아니라 디지털방식의 공격이었다. 인간은 가장 좁은 공간을 가장 넓게 그리고 가장 효과적으로 이용하기 위해서 사이버공간을 이용할 수 있게 되었다.

디지털방식과 사이버공간이 자본주의에 합세하여 후기자본주의사회가 더욱 큰 위력을 발휘하게 되었다. 종래의 자본주의는 자본, 생산수단, 노동의 세 가지 요소를 갖추었다. 그러나 후기자본주의는 이들 세 가지 요소 이외에 기술, 정보, 아이디어를 더 갖추었다. 기술, 정보, 아이디어는 바로 디지털방식 및 사이버공간과 밀접하게 연관되어 있다.

디지털-사이버 후기자본주의사회야말로 가장 전형적인 일차원적 사회이다. 현대인은 가장 빠른 시간 안에 최대한의 욕망을 충족시키고자 할 뿐만 아니라 수단과 방법을 가리지 않고 경쟁에서 살아남고 가장 높은 권력을 차지하고자 한다. 니체가 현대인을 가리켜서 "왜소한 인간" 또는 "종말인"이라고 부른 것은 다 그럴만한 이유가 있다고 볼 수 있다. 왜냐하면 일차원적 인간은 인격주체의 자발성과 창조성을 포기한 인간이기 때문이다.

# 누가 일차원적 인간인가?

현대인은 너 나 할 것 없이 모두 하루살이처럼 매일을 살아간다. 다람쥐 쳇바퀴 돌듯 모두 숨가쁜 하루를 보낸다.

"도대체 이게 뭐야? 아침에 학교에 가서 매일 똑같이 영, 수, 국에 매달리다가 학원으로 갔다가 집에 늦게 들어와서 파김치가 되어 쓰러지고……. 다음 날 똑같은 하루를 또 보내야 하고……."

"새벽녘에 직장에 출근해서 종일 시달리다가 피곤을 달래려고 소주 한 잔 걸치다 보면 이차, 삼차, 또 술집을 들렸다가 집에 와서 쓰러지면 아침이 또 밝아 오고……."

누가 일차원적 인간인가? 현대인은 일차원적 인간이다. 공해와 각종 오염, 질병, 인구증가, 전쟁의 위협 등은 모두 한 차원에 몰려서 인간의 생존을 위협하기 때문에 인간은 오직 생존하기 위해서 무한 경쟁의 굴레 안에서 숨을 헐떡거리면서 방향감각 없이 마구 질주한다.

# 열린 사회를 향한 가능성

인간이 인격주체일 수 있다는 희망이 확실히 존재하는 한 우리는 열린 사회를 향한 가능성을 모색할 수 있다. 개인의 자기성찰과 자기반성 그리고 공동체의 의사소통만이 폐쇄적 현대사회를 열린 사회로 전환시킬 수 있는 가능성을 제시하여 준다.

과거에는 소위 삶의 여유라는 것이 있었다. 현대인의 삶은 마치 고삐 풀린 망아지처럼 어디로 달리는지도 모르고 마구 달려가고 있다. 지금이야말로 인간이 삶의 여유를 되찾고 삶의 부정적인 요소들을 통제하지 않으면 안 될 때이다. 폐쇄적인 일차원적 사회를 다차원적인 열린 사회로 전환시키기 위한 몇 가지 전략들로는 다음과 같은 것들을 예로 들 수 있다. 우선 인간 중심적인 사고방식의 전환이 필요하다. 근대 이후 인간은 자신을 마치 신과 같이 생각하고 전지전능한 존재로 여겨왔다. 더 이상 인간은 전지전능한 자연의 지배자이기를 포기하고 자연의 일부임을 자각할 필요가 있다.

다음으로 인간은 과학문명을 적절히 통제하지 않으면 안 된다. 원자력, 생명과학, 컴퓨터공학 등의 가치를 면밀히 따지고 연구분야와 속도를 통제하여야만 한다. 획일적 상업주의를 비롯해서 금전만능, 물질만능의 사고방식에 대한 철저한 반성이 있어야 한다. 일찍이 스피노자(1632~1677)는 "모든 가치 있는 것은 드물고도 힘들다"고 말하였다. 바람직한 삶과 사회의 건설이야말로 더할 수 없이 드물고 힘든 인간의 주체적, 창조적 노력을 절실히 요구한다.

# 인터넷의 허와 실

## 인터넷 혁명

우리 나라에 처음 흑백 텔레비전이 나왔을 때 사람들은 너무 신기해서 입을 다물 줄 몰랐다.

> "저 앞 한의사집에서 텔레비전을 샀어. 어제 밤에 가 보았는데 동네 사람들이 가득했어. 이름만 알던 가수들 얼굴을 직접 보면서 노래를 들으니 정말 실감이 나더라. 권투시합은 또 얼마나 박진감 난다고……. 라디오로 권투중계를 들을 때하고는 영 딴판이야. 치고 빠지는 것을 보고 있으면 저절로 손에 땀이 난다니까."

컴퓨터가 처음 선보였을 때의 흥분은 흑백 텔레비전 이상이었다. 무엇보다도 인터넷은 사람들의 호기심을 최대한으로 충족시킬 수 있었다. 가히 기술의 혁명이라고 할 수 있는 인터넷 앞에서 수많은 청소년들은 밤새는 줄 몰랐다.

컴퓨터가 처음 나왔을 때 우리들은 게임을 즐기거나, 전자메일을 보내거나, 과제물 작성을 하거나, 사무 업무를 보거나 등 비교적 간단한 작업에 몰두하면서도 호기심을 마음껏 충족시켰다. 그런데 21세기 초반 지금은 컴퓨터를 통한 인터넷 없이는 생활 자체가 마비될 정도이다.

디지털-사이버 후기자본주의의 특징은 자본, 생산수단, 노동 이외에 기술, 정보, 아이디어를 함께 소유한다. 인터넷 시대에는 기술, 정보, 아이디어가 오히려 자본, 수단, 노동을 앞서 간다고 볼 수 있다. 인터넷은 실로 기술, 정보의 바다이다. 우리들은 인터넷의 바다로부터 무한한 기술과 정보를 얻음으로써 새로운 아이디어를 창출하고 그 아이디어에 의해서 자본, 수단, 노동을 이끌어 갈 수 있다. 어떤 젊은이는 낙천적인 미래상을 그리면서 다음처럼 말한다.

"인터넷이야말로 인간의 무궁무진한 꿈의 실현이야. 나는 인터넷을 통해서 비로소 나의 능력을 최대한 발휘할 수 있게 되었어. 내가 원하는 정보는 무엇이든지 얻을 수 있어. 나는 누구와도 원하는 대로 대화할 수 있어. 동영상을 이용해서 내가 원하는 애니메이션도 만들 수 있고…… 원하는 물건도 여기저기 검색해서 가장 싼 값으로 살 수 있고, 정말 인터넷은 요술방망이와도 같아."

정보교환은 물론이고 과학발달의 급속한 속도 역시 인터넷을 통해서 혁명적으로 이루어지고 있다. 이런 속도로 인터넷이 발달한다면 우리들은 10년 후 과연 인간의 생활모습이 어떻게 변하여 있을지 예측하기 어려울 것이다.


## 문명발달과 역사관


아리스토텔레스에 의하면 모든 의식있는 인간은 행복을 추구한다. 다음과 같은 몇몇 젊은이들의 말을 들어보자.

"나는 돈만 있으면 무엇이든지 할 수 있다고 믿는다. 돈 가지고 안 되는 일이 없지 않은가? 특히 자본주의 사회에서는 돈 있는 사람이 대접받는 것이 당연하다고 생각된다. 나는 행복이란 것은 믿지 않아. 행복은 너무 추상적인 개념이니까. 나는 솔직히 말해서 돈이 곧 힘이라고 확신한다. 왜냐하면 돈은 인간의 욕망을 채워 줄 수 있기 때문이다."

"행복이란 것은 인간의 이상에 지나지 않는다. 나는 내 일에 충실할 따름이다. 내 일에 충실함으로써 나는 내 자신의 만족감을 얻는다."

위에서 욕망의 충족이나 만족감은 모두 일종의 행복이다. 인터넷 혁명과 인간의 행복은 어떤 관계가 있을까?

인터넷 혁명은 결국 문명발달의 결과이다. 인터넷 혁명의 의미와 가치를 살펴보기 위해서는 문명발달의 의미와 가치를 살펴보아야만 한다. 문명발달의 의미와 가치에 대한 고찰은 궁극적으로 역사발달

이론에 대한 성찰을 전제로 삼는다. 문명발달이나 역사발달은 무엇보다도 불완전한 것으로부터 완전한 것으로 그리고 상대적인 것으로부터 절대적인 것으로의 진행을 뜻한다. 가치론적으로 볼 때 발달은 행복을 향한 진전을 의미한다. 그러나 역사가 어떻게 진행하느냐에 대해서는 학자에 따라 크게 네 가지 서로 다른 견해들이 있다.

우선 기독교 역사관을 비롯해서 아우구스티누스나 헤겔은 역사가 발전한다고 믿는다. 다음으로 토인비(1889~1975)와 같은 사학자는 역사란 흥했다 쇠했다 하면서 순환적으로 진행한다고 본다. 슈펭글러(1880~1936)와 같은 독일의 문화사학자는 인류의 역사는 쇠망의 길을 향해서 진전한다고 본다. 쇼펜하우어(1788~1860)는 역사란 혼돈이라고 말한다. 우리들이 다양한 역사관을 앞에 놓고 인터넷 혁명을 생각한다면, 우리는 인터넷 혁명이 전적으로 문명의 발달의 결과이며 인류의 행복을 약속한다고 주장하기는 힘들다.


## 인터넷과 인간의 주체성

인간은 왜 일하는가? 우리는 왜 인터넷을 이용하는가? 먹고살기 위해서 그런다는 것은 충분한 답이 될 수 없다. 우리들이 일하는 것은 적어도 인간 주체성을 확보하기 위한 것이다. 인간의 궁극적 목표는 인간답게 사는 것, 다시 말해서 인간 주체성의 확보이다.

디지털 기기는 아날로그 기기에 비할 수 없을 만큼 편리하며 유용성이 크다. 인터넷은 종래의 정보수단과는 감히 비교할 수 없을 정도로 우리들에게 엄청나게 빠른 속도로 무한한 양의 정보를 제공한다. 그러나 그만큼 우리에게 부정적인 결과도 제공한다. 음란사이트에 의한 도덕의 붕괴, 개인 프라이버시의 침해, 각종 교묘한 사이트를 이용한 허다한 사기행각, 익명의 전자메일을 통한 원조교제, 인터넷 중독, 구체적이고 생동감 넘치는 인간관계의 상실 등은 인터넷의 부정적인 측면들이다.

우리들은 인터넷을 통해서 무엇이든지 할 수 있으며, 매사를 쉽고 빠르게 처리할 수 있다. 그러나 그만큼 인터넷은 우리들 인간에게 무수히 많은 부정적인 결과도 가져다 준다. 역사는 혼돈일 수도 있고, 순환할 수도 있으며, 쇠망할 수도 있고, 발전할 수도 있다. 역사가 그리고 인터넷이 긍정적인 방향으로 갈 수 있으려면 인간 자신이 주체성을 확보하여야만 한다.

인간이 주체적으로 인터넷의 허와 실을 예리하게 판단하고 인터넷의 미래지향적 방향을 제시할 수 있을 때 비로소 인터넷은 인간의 주체성 확보에 기여할 수 있다.

# 건전한 청소년 문화가 시급하다

## 혼란한 청소년 문화-누구의 책임인가?

청소년 시기는 한 마디로 말해서 질풍노도의 시기이다. 아직 사춘기를 벗어나지 못한 청소년들은 안정된 심리상태를 유지하기 어렵다.

사춘기에 접어들면 남녀의 성적 신체변화가 두드러지며 키도 갑작스레 커지기 시작한다. 몸은 어른으로 되어가지만 정신은 여전히 어린이 상태에 머물러 있기 때문에 청소년은 혼란에 빠져 당황하기 마련이다.

"나는 확실히 어디서 주워온 애인가 봐. 부모님은 나만 보면 밤낮 야단치고 누나와 형에게만 관심을 쏟는 것만 보아도 나는 친자식이 아닌 것이 분명해. 아예 집을 나가 버릴까?"

"나는 왜 이렇게 사고뭉치이지? 장차 커서 내가 무엇이 되려고 이러지? 학교 공부는 지긋지긋하고 부모와 형제가 나에게 하는 말은 항상 모범생이 되어야 한다는 것 뿐이야. 도대체 나는 누구일까? 너무나도 허무한 인생이 아닌가? 더 이상 살 필요가 있을까?"

"내 인생은 내가 사는 것인데 왜들 그렇게 모두 나에게 간섭하는 것일까? 학교에 가는 것이 싫고 친구들과 어울리는 것이 좋아서 내가 하고 싶은 대로 살아가는데 선생님이나 부모님은 만나기만 하면 당신들 기준에 따라서 살아야 한다고 강요한단 말이야.
예쁜 여자애들도 사귀고, 멋지게 머리염색도 하고, PC방에 가서 실컷 놀고, 친구들하고 함께 술과 담배를 즐기는 것도 내 인생인데 다들 너무 참견하고 간섭하면서 못살게 군단 말이야."

청소년 시기는 신체적으로 그리고 정신적으로 매우 혼란한 시기이기 때문에 이 기간을 정성스럽게 다지지 않고 멋대로 보낸다면 그런 청소년은 어른이 되어서도 끊임없이 방황하기 쉽다.
이제 우리들은 다음과 같은 질문을 던지지 않을 수 없다. "과연 이 땅에 참다운 청소년 문화가 있는가? 청소년 문화가 이토록 혼란한 것은 누구의 책임인가?"
바로 나의 주변을 진솔하게 바라볼 줄 안다면 우리들은 누구든지 현재 청소년 문화의 현장을 샅샅이 관찰할 수 있다. 대부분의 청소년들은 멋지고 비싼 유명상표의 옷과 신발을 원한다. 청소년들은 머리를 화려하게 염색하고, 작으면서도 깜찍한 휴대전화기를 가지려고 한다.

그런가 하면 또 많은 청소년들은 가능하면 힘들이지 않고 용돈을 많이 벌어 쓰고 싶은 대로 쓰려고 한다. 청소년은 틈만 나면 게임방과 PC방에 틀어박히는가 하면 새벽까지 네온싸인이 번쩍이는 화려한 거리를 배회한다.

사람다운 사람의 삶을 이끌어갈 수 있게 해주는 문화가 참다운 문화이며, 주체적인 문화이다. 오늘날 청소년 문화의 현장은 진정한 청소년 문화의 혼란이면서 동시에 상실이다. 기성세대인 어른들의 책임이 가장 크며 또한 청소년 자신의 책임도 크다.

인간이 자기반성 및 자기성찰을 결여할 때 인간은 자기 자신을 상실하게 된다. 어른들은 "세계화와 국제화"를 크게 외치면서 사람답게 사는 것을 외면한 채 경제적으로 잘살기 위해서 쉬지 않고 달려가고 있다. 아무런 여유있는 문화공간도 마련되지 않고 판치는 것은 오직 상업적인 대중문화이다.

지금 이 시점에서 정부, 지방자치단체, 사회단체, 학교, 가정, 개인 모두는 달려가던 길을 잠시 멈추고 심각하게 자기성찰의 시간을 가지지 않으면 안 된다. 이제 우리들 모두는 "사람답게 사는 것은 어떤 것인가? 삶다운 삶을 가능하게 해주는 긍정적인 문화는 어떤 것이고 그것을 어떻게 창출할 수 있을까?"라는 물음을 스스로 묻고 그 답을 찾으려고 고민하지 않으면 안 된다.

# 개성과 유행

나는 아들과 가끔 대화하고 토론한다. 나는 아들도 독립적인 한 개체로서의 인간이라고 생각하기 때문에 가능하면 간섭하지 않고 혹시 도움이 될 것 같으면 아들과 긴 시간동안 대화하려고 애쓴다.

"하나밖에 없는 아들아, 너는 방학만 되면 왜 머리를 염색하니?"

"학기 중에도 염색하고 싶지만 학교에서 못하게 하니까 어쩔 수 없이 방학때 염색하는 거예요."

"내가 보기에는 원래 네 머리가 자연스럽고 단정해. 염색한 머리는 어딘가 낯설고 푸석푸석해서 거부감을 주는데 너는 전혀 그렇지 않은가 보구나."

"그러니까 아빠는 벌써 구세대예요. 이렇게 염색하지 않으면 왕따 당해요. 그래도 저는 조금만 눈에 띄려고 부분 염색만 한 거예요."

"네가 염색하는 것은 단지 왕따 당하지 않으려는 이유 하나뿐이니?"

"그것만은 아니예요. 눈에 잘 띄고 또 이렇게 염색하면 제 개성이 살 수 있거든요."

"너는 지금 머리카락이 그렇게 많은 것이 아니야. 이 아빠가 대머리 기질이 있는 걸 알지? 너도 크면 아빠를 닮을 확률이 많다고 본다. 너는 염색하는 것이 얼마나 신체에 해로운지 아니?"

"별로 해가 없어요. 해롭다면 왜 그렇게 많은 사람들이 염색하겠어요?"

"머리염색 순서는 우선 탈색한 다음에 염색하는 것이지? 독한 화학약품인 과산화수소로 머리카락의 단백질, 지방, 색소를 모두 제거한 다음 다시 화학약품인 염료로 염색해야 머리색깔이 변한단다. 그 결과는 우선 머리카락이 매우 약해져서 바스러지고 빠지기 쉬우며 다음으로 머리피부나 얼굴피부 그리고 시력이 상할 수 있다는 것이야."

나는 침묵하고 있는 아들에게 조용히 이야기하였다.

"내가 생각하기에 가장 심각한 것은 우리 나라 청소년들에게 주체성이 부족하다는 것이야. 머리를 염색하려고 하는 생각의 뿌리는 무엇일까? 청소년들의 무의식적인 뿌리는 서양사람처럼 되겠다는 것이 아닐까? 앞으로 심하면 눈 색깔도 파랗게 하려고 파란 콘텍트렌즈를 너도나도 착용하려고 하지 않을까?

아들아, 순간의 충동에 의해 좌우되지 말고 항상 깊이 생각해서 행동할 때 나의 주체성과 문화의 주체성을 획득할 수 있다고 믿는다."

사실 우리들은 일상생활에서 유행과 개성을 혼동하고 또 착각할 수 있다. 오스트리아의 정신분석학자 프로이트(Sigmund Freud, 1856~1939)는 현대철학과 현대심리학에 엄청난 영향을 미친 사람으로서 대중을 두 부류로 구분하고 있다. 그의 말에 따르면 각 개인의 권리를 존중하면서 개인들이 모여 공동체를 꾸려나갈 때 그러한 대중은 개인-대중이다. 그런가 하면 개인의 권리가 무시되고 단지 독재권력에 이끌려만 가는 무개성적인 대중은 한낱 인간들의 집단에 불과한 대중-개인이다.

대중-개인은 개성을 상실하고 개인의 인격과 권리를 보지 못하며 단지 유행만을 추종하기 때문에 열린 공동체를 외면하고 닫힌 사회를 향해서 치닫는다.

유행은 인간이 자기반성이나 자기성찰 없이 대중이 하는 대로 물결처럼 따라가는 것을 말한다. 그런가 하면 개성은 주체적인 것이다. 전통을 그대로 간직하면서도 바탕이 되어 나의 자발적이고도 창조적인 의지에 의해서 나를 표현할 때 그것은 바로 개성의 표현이다. 지금 우리에게 절실하게 필요한 문화는 개성적 문화 곧 주체적인 문화임은 두말할 나위가 없다.


## 대중문화 걸르기

현재 청소년 문화는 대중문화에 휩쓸려 가고 있다. 우리들의 대중문화는 한마디로 상업주의문화와 사이버-디지털문화의 합성이라고 특징지어 말할 수 있다.

적어도 고려시대나 조선시대에 우리들은 소위 전통문화를 소유하고 있었다. 인류의 정신적 업적인 문화를 형성하는 가장 중요한 네 가지 요소들은 예술, 종교, 도덕(윤리) 및 학문이다. 이들 네 가지 요소들을 기본 삼아서 우리들은 청소년 문화나 성인 문화, 음식문화, 교통문화, 의상문화 등을 이야기할 수 있다.

고려나 조선시대의 청자, 백자 등은 우리의 자랑스런 도자기 문화를 보여 준다. 특히 세종대왕이 창제한 한글은 우리 문화에 있어서 가장 빼어난 학문의 성과라고 할 수 있다. 과거의 우리들은 윤리, 종교, 예술 등의 문화적 요소들에 있어서 전통적이며 개성적이고 주체적인 특징을 가지고 있었다. 그러나 일제 식민지 시대와 6·25라는 두 가지 커다란 계기는 우리들에게 매우 부정적인 문화적 충격을 가져다 준 동기가 되었다.

일제 식민지 치하에서 우리들 각자는 살아남기 위해서 일본인의 눈치를 살피지 않으면 안 되었고 모두가 이기주의에 물들게 되었다. 6·25 시절 생존의 위협은 극에 달하였다. 6·25 이후 우리들은 일본과 미국의 절대적인 영향을 받으면서 물질만능주의의 기계문명과 획일적 상업주의 일변도의 자본주의를 무비판적으로 받아들일 수밖에 없었다.

단지 살아남기 위해서 인격적 삶은 생각할 겨를도 없이 사람들은 물질과 돈과 권력을 향해서 치달렸던 것이다. 그 결과는 지금 어떻게 나타나고 있는가? 현재 우리들을 지배하고 있는 문화는 물질만능주의를 특징으로 삼는 사이버-디지털 문명과 획일적 상업주의 문화이다.

고대 그리스의 철학자 플라톤(기원전 427~347)의 말에 따르면 가장 이상적인 국가는 정의가 실현되는 국가이다. 정의를 형성하는 요소들은 지혜와 용기와 절제이다. 우리들은 우리의 현대문화에 과연 지혜와 용기와 절제의 덕목들이 있는지 그리고 이것들이 조화를 이룬 정의가 과연 존재하는지 묻지 않으면 안 된다.

대중문화는 PC방, 비디오방, 게임방, 노래방 등 물질만능적 기계문명 일변도에 치우쳐 있으며 또 한편으로는 골프, 스키 등 다분히 획일적 상업주의에 물들어 있다. 청소년 문화 역시 대중문화의 거대한 흐름 속에서 흘러가고 있다. 상당수의 청소년들이 돈은 모든 것을 해결할 수 있다고 믿고 수단방법을 가리지 않고 돈을 벌려고 한다. 그러다가 뜻대로 안 되면 청소년들은 자포자기한 채로 순간의 쾌락을 따라 마치 하루살이처럼 매일을 떠돈다.

청소년들이야말로 미래사회의 주인공들이다. 만일 청소년 문화가 이대로 혼란하며 방향감각을 상실한다면 우리의 미래사회 역시 어두울 수밖에 없다. 지금이야말로 혁명적으로 과감히 대중문화 걸르기에 앞장서서 건전한 청소년 문화의 토대를 굳게 세우지 않으면 안 될 것이다.


## 문화의 주체성

청소년 문화가 무개성적이며 유행만 추구하고 단지 성인문화를 수용하기만 함으로써 성인문화를 흉내내는 것에는 성인과 청소년 모두의 책임이 있다.

문화(culture)의 라틴어 어원은 콜레레(colere)로서 이 말은 "밭을 경작하다"라는 뜻을 가지고 있었다. 로마의 정치가, 웅변가, 철학자인 키케로(기원전 106~43)는 '콜레레'의 뜻을 변형시켜서 "인간을 교양있게 하다"로 바꾸었다. 키케로 이후 문화라는 말은 주로 인간의 정신적 업적이라는 의미로 쓰여지게 되었다.

우리는 일반적으로 인간의 물질적 업적을 문명으로 부르고 정신적 업적을 문화라고 부르지만, 학자들에 따라서는 문명이나 문화를 똑같이 인간의 정신적 및 물질적 업적으로 부름으로써 두 개념들을 동일한 것으로 보기도 한다.

"밥 한 숟가락 입에 넣고 적어도 서른 번은 씹어야 소화가 잘 된다"는 말이 있다. 개인이나 사회나 국가 모두 주체적 문화를 소유할 때 비로소 자신의 존재의미에 대해서 긍지를 느낄 수 있다. 전통문화를 갈고 닦으면서도 외래문화를 끈질기게 차근차근 소화할 때 비로소 문화의 주체성을 창출할 수 있다.

만일 우리들이 오로지 고려청자나 이조백자만을 한결같이 고집한다면 우리들은 현대문화로부터 소외당할 것이다. 그렇다고 해서 현대의 상업주의문화와 물질만능주의의 사이버-디지털 문명만을 허겁지겁 받아들인다면 그것은 씹지 않고 삼킨 밥처럼 전혀 소화되지 않기 때문에 단지 원숭이 흉내내기에 지나지 않을 것이다.

청소년과 어른 모두는 우리의 전통문화를 발굴하고 보존하는 노력을 기울이는 한편 현대문화를 끈질기게 소화하는 훈련과정을 거칠 필요가 있다. 성실한 노력과 훈련과정은 멀지 않은 미래에 청소년을 위한 놀이문화는 물론이요, 청소년을 위한 문화공간과 문화시간을 창출할 수 있는 원동력을 제공할 것이다.

기술의 발달과 **삶**의 행복

# 과학기술과 현대문명

## 현대문명과 인간의 삶

　오십 년 전이나 백 년 전과 비교해 볼 때 우리들 인간의 사는 모습은 상상하기조차 힘들 정도로 많이 변하였다. 아버지나 할아버지들이 과거를 회상하며 이야기하는 것을 가끔 들을 수 있다.

　"모든 것이 너무 변했어. 옛날에는 컴퓨터는 말할 것도 없고 텔레비전도 없었지. 이삼십 년 전만 해도 부잣집에만 전화가 있었어. 승용차는 정말 돈 많은 사람만 가지고 있었지."

　"어디 그뿐인가? 먹는 것, 입는 것, 신는 것 등 모두가 몰라보게 변했어. 컴퓨터공학이니 생명공학이니 하는 분야도 전혀 새로운 것이지. 과거에는 모든 기계가 자연에 가까운 아날로그식이었지만 이제는 모든 기계가 자동화를 추구하는 디지털식으로 바뀌고 있어. 초고속 광통신을 통해서 인터넷의 가상세계에 들어가서 세계 어디에서나 사람들이 서로 무궁무진한 정보를 교환할 수 있게까지 되었지. 동물복제는 이미 성공했고 인간의 장기까지 복제할 수 있는 단계에 도달했어. 이렇게 과학기술이 정신없이 발달하다 보면 현대문명이 과연 어떤 모습을 띨 것인지 아무도 짐작하지 못할 거야."

사실 현대에 들어와서 과학기술의 발달은 엄청난 속도로 발전해 왔다. 어떤 사람들은 20세기에 들어온 후 매 1년에 걸친 과학기술의 발달은 그 이전 세대의 50년에 걸친 과학기술의 발달과 맞먹는다고 말한다.

특히 20세기 말과 21세기 초 정보(Information)와 기술(Technology)의 발달은 우리들의 삶의 전체 모습을 뒤바꾸어 놓고 있으며 정보와 기술은 자본주의와 함께 현대문명 자체를 특징짓고 있다.

그런데 우리들은 이 시점에서 몇 가지 심각한 물음을 제기하지 않을 수 없다. 왜냐하면 현대문명은 반성 없는 지나친 과학기술의 발달과 자본주의에 의해서 전적으로 지배당하고 있기 때문이다.

"정보와 기술은 과연 궁극적으로 무엇을 위한 것인가? 물론 정보와 기술은 많은 상품을 가능한 한 빠르게 생산해서 인간의 욕망을 충족시키려는 것을 목적으로 삼는다. 그러나 정보와 기술은 자본주의를 필수적으로 동반하지 않는가? 정보와 기술은 물질적 효용성을 목적으로 삼기 때문에 자연적으로 자본을 추구하지 않을 수 없다. 그렇다면 과학기술과 자본이 인간성도 원숙하게 할 수 있을까? 아니면 과학기술과 자본은 인간의 주체성을 붕괴시키는 것들인가?"

"일찍이 아리스토텔레스는 의식적인 모든 인간은 궁극적으로 행복을 추구한다고 말함으로써 삶의 목표가 행복임을 강조하였다. 삶의 목표가 행복이라는 것에 반대할 사람은 없을 것이다. 그런데 현대문명 속에서 우리들 인간은 과연 행복한가? 과학기술과 자본주의는 우리들 인간을 행복하게 하고 있는가?"

조선시대 사람들은 걸어서 또는 말을 타고 서울에서 부산까지 갔을 것이다. 오늘날의 우리들은 자동차나 비행기를 이용해서 과거와는 비교할 수 없을 정도로 빠른 시간 안에 매우 편안하게 서울에서 부산까지 갈 수 있다. 오늘날의 우리들은 조선시대의 사람들보다 더 행복한 삶을 살고 있는 것일까?

삶의 행복은 인간의 주체성과 밀접한 관계를 맺고 있다. 행복은 결코 양적인 것이 아니고 질적인 것이다. 왜냐하면 한 인간이 자발적으로 그리고 주체적으로 자신의 삶을 결단할 때 비로소 그는 자유로울 수 있고 따라서 행복할 수 있기 때문이다.

## 과학기술의 눈부신 발전과 일차원적 인간

프랑크푸르트학파 철학자 중 마르쿠제(H. Marcuse, 1898~1979)는 현대인을 일컬어 일차원적 인간이라고 말하였다. 또한 그는 현대사회를 일차원적 사회라고 불렀다.

마르쿠제가 말한 일차원적 인간의 뜻은 무엇일까? 그가 보기에 오늘날의 인간은 모두 똑같은 모습을 가지고 똑같은 길을 달려가고 있다. 즉 현대인은 오로지 한가지 차원에서만 삶을 이끌어가고 있다.

어떻게 보면 현대사회의 특징은 두 가지 단어 곧 기술과 돈으로 이야기될 수 있을 것이다. 앞에서도 이미 언급했지만 컴퓨터공학은 디지털화된 기기들을 사용함으로써 놀라울만한 정보와 기술의 발달을 초래하였다. 게다가 생명공학은 유전자 조작에 의해서 인간에게 무한한 식물영양분을 공급하게 할 수 있다는 자신감에 차있다.

또한 생명공학은 인간의 염색체와 유전자를 해독하고 조작하며 나아가서 체세포를 복제하기까지 하여 인간은 질병을 제거하고 새로운 장기를 만들어 이식할 수 있다는 희망에 부풀어 있다.

새로운 과학기술의 몇 가지 측면만 접해도 우리들은 과학기술의 눈부신 발전 앞에서 입을 크게 벌리고 경탄하지 않을 수 없다. 어디 그뿐인가? 새로운 과학기술은 엄청난 돈을 가져다 주기 때문에 특히 젊은이들은 돈벌이 되는 새로운 과학기술을 발명하기 위해서 밤잠을 설친다.

무엇보다도 청소년들의 의식을 지배하고 있는 것 역시 과학기술과 돈이다. 마르쿠제식으로 말하자면 과학기술과 돈이 지배하는 삶은 일차원적 삶이다. 청소년에게 컴퓨터와 휴대전화는 필수품이다.

어디에 반드시 전화를 걸기 위해서 휴대전화가 필요하기보다는 남들이 가졌으니까 나도 가져야 되고 또 새로운 모델이 나왔으니까 그것으로 헌 것을 바꾸어야 한다. 신발이나 옷도 유명상표가 붙은 것을 입고 신어야 남들보다 뒤지지 않는다는 느낌이 든다.

'우물 안 개구리'라는 말이 있다. 우물 속에 있는 개구리는 우물 이외의 다른 곳에는 가 본 일이 없으므로 우물을 세계 전체로 안다는 말이다. 만일 청소년들이 직접 만나서 과학기술과 돈이라는 주제를 놓고 열렬하게 토론할 수 있다면 그리고 컴퓨터를 잠시 떠나 친구나 애인에게 흰 종이에 펜으로 생각을 가다듬어 가며 글을 쓸 수 있다면 그러한 청소년들은 적어도 일차원적 삶의 껍질을 깰 수 있을 것이다.

전쟁, 빈곤, 질병 등을 예방하고 방지하기 위해서 과학기술의 발달이 꼭 필요한 것은 누구도 부정할 수 없다. 그렇지만 인간성 그리고 나아가서 인간의 행복을 보장하기 위해서 오로지 과학기술의 발달만 있으면 된다는 생각은 역시 일차원적이며 피상적이다.

과학기술의 발달과 돈은 어디까지나 삶의 일부이고 전체일 수 없다. 인간은 물질적이면서도 동시에 정신적인 존재이다. 성경에 나오는 다음과 같은 말은 무엇을 뜻할까? "부자가 천국에 들어가기는 낙타가 바늘구멍으로 들어가는 것보다 더 힘들다." 여기에서 말하는 부자란 물질적인 돈은 많지만 정신은 빈약한 인간을 말한다.

현대인은 성서에 나오는 부자와 비슷하다. 엄청난 과학기술과 돈을 추구하면서 그것들을 누리는 부자이다. 어떤 사물이든지 형식과 내용을 고루 갖출 때 온전한 사물이 된다. 예컨대 사과가 제대로 익지 못하고 병충해에 찌들면 그 사과는 쭉정이 사과에 지나지 않는다.

인간도 마찬가지이다. 어떤 사람이 과학기술과 돈, 다시 말해서 삶의 형식만 잔뜩 가지고 삶의 내용에 해당하는 정신이 빈약하다면 그 사람은 인간 주체를 제대로 갖춘 인간이라고 말할 수 없다.

과거를 되돌아볼 경우 과학기술의 발달은 가히 눈부신 것이었다. 종이와 화약의 발명, 전기와 증기기관의 발명, 원자공학, 컴퓨터공학, 생명공학 등을 들먹이다 보면 사람들은 과학의 발달이 어떤 모습으로 나타날지 예측하기 힘들다. 대부분의 사람들은 과학기술이 돈과 함께 절대적이라고 믿기 때문에 과학기술과 돈의 긍정적인 측면에만 신경을 쓴다.

그렇지만 밝음이 있으면 어둠이 있는 것과 마찬가지로 과학기술과 돈에도 긍정적인 측면이 있는가 하면 가공할만한 부정적인 측면도 있다는 것을 통찰할 때 우리들은 과학기술과 돈의 노예이기를 떠나서 그것들의 주인이 될 수 있을 것이다.

과학기술은 결코 인간에게 만병통치약이 될 수 없다. 왜냐하면 과학기술은 어디까지나 인간의 지성의 산물로서 삶의 일부이기 때문이다.


## 과학기술은 만능인가?


청소년들 사이에서 컴퓨터를 다룰 줄 모르면 왕따 당하기 일쑤인 것은 너무나도 분명하다.

"영식이는 컴퓨터 가지고 게임밖에 할 줄 몰라. 게임은 극히 초보적인 것 아니니? 나는 인터넷에 들어가서 숙제도 하고, 시험공부도 해. 얼마 전 나는 우리집 홈페이지를 만들었어. 너희들 홈페이지 만드는 법 전혀 모르고 있지?"

"그 정도 가지고 컴퓨터 실력을 자랑하다니 말도 안돼. 너 프로그램을 깔 줄 아니? 나는 전자상가에 가서 부속들을 사다가 내 컴퓨터를 직접 내가 조립했어. 내 컴퓨터를 한번 구경하고 싶지 않니? 나는 여러 가지 프로그램을 깔았기 때문에 시간 날 때마다 애니메이션도 만들어 보고 내 취향에 맞는 자동차 모델도 디자인해 보고 있는 중이야."

청소년들은 컴퓨터의 가상공간을 통해서 원하는 모든 것을 할 수 있다고 믿는 경향이 있다. 이것을 좀더 확장해서 말하면, 청소년들은 과학기술을 만능이라고 믿으려고 한다. 그렇지만 과학기술은 문명이나 삶의 한 부분에 지나지 않는다. 과학기술을 만능이라고 믿는 사람이 있다면 그 사람은 삶의 복잡하고 다양한 여러 차원들을 볼 줄 모르는 일차원적 인간에 불과하다.

흔히 우리들은 과학기술이 인간의 모든 문제들을 쉽사리 해결해 주고 인간의 욕망을 충족시켜 줌으로써 결국 행복을 가져다 주리라고 믿기 쉽다.

그렇지만 현대의 과학기술 사회와 자본주의 사회에서 두드러진 인간의 특징은 인간성 소외에 있다. 현대사회에서 모든 인간은 컴퓨터를 얼마나 잘 다루는가, 돈을 얼마나 많이 가지고 있는가에 따라서 평가받기 마련이다. 한 사람을 평가하는 데 있어서 그 사람의 인간 됨됨이는 부차적이다.

직장과 사회는 마치 기계부속품들의 집합체와도 같다. 어떤 인격을 가진 어떤 인간 주체인가가 중요하지 않고 능률을 잘 올릴 수 있는 기계 부속품과도 같은 인간이 직장과 사회에 더 잘 적응하고 높이 평가받는다.

과학기술은 여러 가지 긍정적인 측면에도 불구하고 환경을 오염시킴으로써 생태계를 파괴하는 비극적인 현실을 초래하고 있다. 대도시의 환경오염은 말할 것도 없고 농경지나 바다의 심각한 오염 및 생태계 파괴의 주범은 말할 것도 없이 과학기술의 발달이다.


## 과학기술과 삶의 가치

백치미인이라는 말이 있다. 몸매가 늘씬하고 매우 예쁘게 생겼지만 생각이 모자라는 사람을 가리켜서 백치미인이라고 부른다. 겉모습도 예쁘지만 정신상태도 예리한 사람이라야 참다운 미인일 것이다. 인간을 정의하는 말은 수없이 많지만 그 중 가장 대표적인 것은 아마도 "인간은 사유하는 존재이다"일 것이다.

만일 인간에게서 생각하는 능력을 빼앗아 버린다면 더 이상 인간다운 인간은 존재하지 않을 것이다. 우리들은 초등학교에서부터 대학에 이르기까지 여러 가지 학문이론들을 배운다. 자연과학, 인문과학, 사회과학의 다양한 학문들을 비롯해서 공학과 같은 종합과학도 배운다.

그런데 모든 학문이론들은 모두 생각의 산물들이다. 우리들은 이론을 현실에 적용해서 현실을 수정하며 이론이 현실에 적용되지 않으면 다시 이론을 고쳐 나간다.

일반적으로 우리들은 수학이 가장 정확한 학문이라고 생각한다. 그러나 수학자들에 따라서 곱하기나 나누기에 대한 입장이 다르고, 똑같은 공식에 대해서도 서로 견해가 다른 이유는 무엇인가? 그것은 수학이론도 인간의 생각의 산물 곧 가설이기 때문이다.

그렇다면 과학이론 역시 가설의 성격을 갖는다. 과학기술은 다양한 삶의 측면들 중 하나이고 그것은 긍정적인 측면과 부정적인 측면을 가지며 가설임을 알아야 한다.

우리들이 과학기술의 효용성만 보지 않고 주체적 인간성 및 인간의 행복을 위해서 과학기술을 지배할 때 비로소 과학기술은 삶의 가치에 기여할 수 있을 것이다.

# 기술의 발달과 삶의 행복

## 테크닉의 긍정적 측면

오래 전 사람들은 현대사회의 놀라운 기술발달에 대해서 여러 가지로 말하였다.

"20세기에 들어와서 테크닉의 눈부신 발달은 이루 말로 표현할 수 없어. 원자력의 이용, 비행기, 선박들에 있어서 첨단 전자장비의 발달은 가히 놀라울만 해."

"광학의 테크닉 발달 역시 놀라울 뿐이야. 전자현미경과 아울러 천체망원경의 발달도 경이롭기만 하지."

"20세기 후반부터 21세기에 들어서면서 생명공학의 테크닉 발달은 경악 그 자체야. 유전자 조작에 의한 식물의 변종은 물론이고 동물복제가 실현되었고 요즘은 인간복제까지 떠들고 있으니 과학적 테크닉의 발달이 어디까지 갈지 모르겠어."

"종래의 자본주의의 특징은 자본, 생산수단, 노동이었어. 그렇지만 후기 자본주의는 이들 이외에 기술, 정보, 아이디어 등 세 가지 특징을 더 가지고 있어. 그 중에서도 기술이 가장 두드러지는 것은 두말할 나위도 없어."

인류의 문명사를 되돌아볼 때 인간은 테크닉이 생존에 실용적이고도 유용할 뿐만 아니라 삶의 행복까지도 보장한다고 믿어 왔다. 인류 역사의 어느 시점에서인지 인간의 두뇌 신경세포가 급속한 속도로 많아지고 불을 발명한 이래로 인간은 도구를 다양하게 이용하기 시작하였다.

신석기시대부터 철기시대까지 인간은 마치 걸음마 걷는 아기처럼 매우 긴 시간을 보내지 않으면 안 되었다. 그러나 중국에서 종이와 화약을 발명한 이후 테크닉 발달의 속도는 점점 빨라지기 시작하였다. 서방의 중세 암흑시대가 지나고 르네상스에 접어들자 자연과학이 급속히 발달하면서 천문학, 물리학, 화학, 생물학 등의 발달과 아울러 자연과학의 테크닉이 빠른 속도로 발달하였다.

18세기 영국의 산업혁명과 함께 테크닉 발달에 가속이 붙었다. 마르크스(1818~1883)는 "물질적 욕구 충족이 행복이다"라고 말하였다. 물질적으로 욕망을 충족시키면 정신도 기쁨을 느낀다는 뜻이다. 현대인이 생활에서 테크닉의 발달로 누릴 수 있는 장점은 헤아릴 수 없이 많다.

컴퓨터의 발달로 정보전달의 양과 속도가 혁명적으로 변화하였고 우리들은 보다 많은 정보를 원하는 만큼 빨리 전달하고 얻을 수 있다. 또한 컴퓨터는 정치, 경제, 사회, 산업, 문화 모든 분야에 있어서 최소의 노력으로 최대의 효과를 가져올 수 있는 기능을 보여 주고 있다. 이러한 현상은 테크닉이 아날로그방식으로부터 디지털방식으로 바뀌었을 때 나타나는 결과이다.

생명과학의 발달과 함께 불치병을 치료하는 신약들이 개발되었고 각종 외과수술의 정밀도도 높아졌다. 인간은 이제 고도로 발달한 첨단 테크닉에 의해서 최대한의 욕망충족을 확신하고 있다. 현재 우리들은 테크닉의 발달이 인간의 삶의 행복을 보장해줄 주 있다는 굳은 희망을 가지고 있다.


## 첨단 테크닉의 문제점들

밝음은 어둠이 없으면 무의미하다. 어둠이 전혀 없고 밝음만 있다면 밝음은 밝음이 아니다. 마찬가지로 기쁨은 슬픔이 있기 때문에 가능하다. 테크닉이 장점을 가지고 있다면 테크닉은 단점 곧 문제점들 또한 가지고 있는 것이 확실하다. 인간은 다양한 삶의 방식들을 스스로 결단하면서 조화시킬 때 자발적·창조적·주체적인 인간일 수 있다. 그러나 인간이 오로지 테크닉에만 의존해서 테크닉의 장점에만 집착한다면 인간은 주체적 인간이기를 포기하기 쉽다.

간단한 예로 휴대폰을 이야기해 보자. 남녀노소 모두가 휴대폰을 소유하고 있다. 모든 사람들이 휴대폰을 마치 자신의 분신인양, 아니 자신의 주인인양 놓을 줄 모른다. 테크닉에 집착하면 할수록 인간의 내면은 공허해진다.

예컨대 어떤 주부는 매일 매일을 컴퓨터 사이버공간에 매달려서 산다. 홈쇼핑, 은행거래, 각종 게임, 익명의 상대와의 대화 등 이 주부는 종일토록 사이버공간에 중독되어 가정생활마저 소홀히 한다. 10대 학생들 중에서도 컴퓨터 사이버공간에 중독되어 정상생활을 할 수 없을 정도로 된 학생들이 허다하다.

디지털 테크닉이 고도로 발달함과 동시에 개인정보의 누출로 인한 프라이버시 침해는 물론이고 은행이나 국가정보의 누출과 악용도 흔치 않게 일어난다. 첨단 무기 테크닉의 발달로 인하여 강대국은 거의 절대권을 가지고 약소국을 침공하고 지배할 수 있다. 심한 경우 인간은 더 이상 테크닉의 주인이 아닌 노예로 전락하기 쉽다.


## 문명발달과 테크닉의 조절

첨단 과학의 테크닉이 현재의 속도로 발달할 경우 앞으로 10년이나 20년 후 인간의 생활이 어떻게 변할지 우리들은 감히 상상하기도 힘들다. 미래 과학영화들을 보면 장차 인간의 생활모습을 예견할 수 있다. 많은 사람들은 각자 나름대로 미래를 낙관하기도 하고 비관하기도 한다.

"테크닉이 고도로 발달하면 할수록 인간은 자신이 원하는 이상을 실현할 수 있어. 힘든 노동은 모두 자동 로봇이 해줄 것이고, 장기이식도 가장 값싸고 쉽게 할 수 있을 거야."

"아니야! 인간은 결국 테크닉의 발달 때문에 파멸의 길로 들어서고 말거야. 첨단 무기에 의한 대량살상과 공해에 의한 오염으로 인해서 인류는 자신의 생존을 단축시킬 것이 분명해."

이제 우리들 인간은 잠시 숨을 고르면서 테크닉의 발달에 대해서 신중히 검토할 시간을 가질 필요가 있다. 테크닉과 아울러 인간은 지나치게 유용성과 편리함만을 추구하는 편파적인 존재가 되어 버렸다. 과학 테크닉을 어떤 방향에 이용할 것인가, 테크닉의 발달속도를 얼마만큼 조절하여야 하는가, 어떤 과학의 테크닉을 금지하여야 할 것인가 등에 관해서 함께 고뇌하고 결단을 내릴 필요가 있다.

우리들 인간 자신이 테크닉을 조절하지 못한다면 결국 인간은 테크닉의 노예로 전락할 것이다. 삶의 행복은 자발적·창조적·주체적 인격체의 실현에서 찾아질 수 있는 것이다. 테크닉은 어디까지나 수단이고 그것이 인간의 삶의 핵심 목적은 될 수 없다.

# 환경을 살리자


## 사라지는 자연

　프랑크푸르트학파의 철학자 마르쿠제(1898~1979)는 《일차원적 인간》이라는 저서에서 현대인의 특징을 일컬어 인간성 상실이라고 한다. 인간성 상실은 인간소외, 부조리 등과도 밀접한 연관성을 가지는 말이다. 현대인은 일차원적 인간으로서 일차원적 사회에서 살아가고 있다.

　일차원적 인간과 인간성 상실 그리고 일차원적 사회는 모두 삭막한 현대인과 현대사회의 모습을 반영한다. 현대인은 삶의 위기에 처하여 있다. 전쟁의 위협, 식량난, 인구증가, 각종 난치병, 공해, 환경의 파괴 등이 바로 삶의 위기이다. 현대인은 삶의 위기라는 일직선 위에 서서 금전만능과 물질만능을 추구하는 오직 하나의 차원에서만 삶을 이끌어 가고 있다.

"인간의 본래적인 모습은 무엇인가? 인간은 다양한 문화를 창출하고 인간과 자연을 사랑하면서 살아왔다. 그러나 현대인은 오로지 욕망의 충족만을 위해서 전쟁과 환경파괴를 마음대로 저지르고 있다."

"이제 현대인은 다양한 차원의 삶을 상실하였다. 인간은 첨단 기계를 사용하고 최신의 정보와 아이디어를 동원하여 최대한의 금전을 획득함으로써 물질적 욕망을 충족시키는 데 혈안이 되어 있다."

위의 두 주장에서 알 수 있는 것처럼 현대인은 마치 고삐 풀린 망아지처럼 단지 '욕망의 기계'나 '자본의 기계'처럼 목적 없이 마구 달려가고 있다. 오로지 목적 하나의 차원만 가지고 맹목적으로 살아가는 일차원적 현대인간이 다양한 주체성을 회복할 길은 없을까?

무엇보다도 일차원적 인간과 사회는 삶의 보금자리인 자연을 훼손할 뿐만 아니라 송두리째 파괴하고 있다. 이제는 인간의 사유가 본능을 통제하기는커녕 사유는 단지 본능을 위한 수단에 불과한 느낌마저 든다. 자연환경의 파괴는 어느 곳에서나 심각하다.

"주택난을 해소하기 위해서 그리고 수출 생산량을 늘리기 위해서 대단위 고층 아파트들과 대규모 공장이 숨쉴 수 없을 정도로 답답하게 곳곳에 세워지고 있다. 더 이상 싱그러운 언덕과 맑은 물과 시골 고향 마을의 정취는 어디를 가도 찾아보기 힘들구나!"

"버스, 트럭, 승용차가 내뿜는 매연은 도시 자체를 병들게 한다. 도시 전체는 거대한 시멘트 덩어리인 것 같다. 제비가 과연 왔다 갔는지, 무슨 꽃이 언제 어떻게 폈다가 지는지, 계절이 감각도 전혀 없이 도시의 일년은 소음과 공해 속에 훌쩍 지나고 만다."

"나라 전체가 당장의 이익에 눈이 멀어서 사방을 개간하고 있어. 골프장, 스키장을 만든다고 산을 깎아 내리고, 농지를 만든다고 천혜의 보고인 개펄을 매립하고……. 이렇게 나가다간 자연 자체가 깡그리 사라지고 말 것 아닌가!"

"말도 말아! 쓰레기 매립은 제대로 되는 줄 알아? 농촌에 가면 폐비닐이 사방에 널려 있고 농약 사용은 또 어떤데? 원자력 발전소 근처만 가 보아도 괴물같이 커다란 콘크리트 덩어리에다, 뿜어 대는 수증기와 연기를 보면 마치 종말이 온 것 같다니까."

겉으로만 보면 현대인은 고도로 발달한 문화와 문명을 지키면서 행복하게 살고 있는 것처럼 보일지 모른다. 그러나 현대인의 내면을 들여다보면 현대인은 단지 이기적 욕망만 충족시키기 위해서 혈안이 되어 있다.

현대인은 불나방과도 같다. 눈앞의 밝은 것만 보고 앞으로 돌진해서 결국 불에 타 죽고 마는 것이 불나방이다.

# 자연은 생명의 원천이다

뒤늦게나마 뜻있는 사람들은 자연 파괴가 바로 인간이 저지른 가장 커다란 재앙이라는 것을 절실히 깨닫고 각종 환경단체들을 만들어 자연 살리기에 온갖 힘을 다 기울이고 있다. '그린 피스'와 같은 단체는 전체 세계에 회원을 두고 가장 큰 규모로 환경 살리기에 앞장 서고 있다.

원숭이도 나무에서 떨어진다는 말이 있다. 인간을 잘 살펴보면 제 꾀에 제 자신이 넘어가는 꼴이다. 고고학적으로 보면 인류의 조상은 아득한 옛날 갑자기 뇌신경세포가 급작스럽게 진화하게 된다. 인류의 조상은 두 다리로 서고, 불을 발명하고, 도구를 만들기 시작하면서부터 마음만 먹으면, 생각만 잘하면 모든 것을 지배하고 변화시킬 수 있다는 자신감을 가지게 되었다. 결국 인간은 완전하고도 절대적인 삶과 행복을 실현할 수 있다는 확신을 가지게 되었다. 왜냐하면 인간은 완전성과 절대성을 보장해줄 수 있는 이성적 사유라는 무기를 소유하고 있다고 확신하였기 때문이다.

그러나 이제 뜻있는 사람들은 지금까지 인간이 너무 오만하였다는 것을 깨닫기 시작하였다. 너무 늦기는 했어도 더 이상 자연파괴를 보고만 있지 말고 자연을 되살리고 자연을 되찾는 실천이 우리들의 몸에 배지 않으면 안 된다. 자연은 생명의 원천이다.

# 인간은 자연의 일부이다

인간은 첨단 기계문명과 이성적 사고에 의해서 자연파괴를 일삼아 왔다. 이렇게 계속 인간 중심의 역사가 진행된다면 인간은 스스로 행한 자연파괴에 의해서 생존기간을 단축하지 않을 수 없을 것이다. 자신이 행복하게 오래 살기 위해서 자신의 생명을 단축시킨다는 것처럼 어리석은 일이 또 어디에 있겠는가?

이제 인간은 자신의 욕망을 조정하고 통제하는 방법을 배우지 않으면 안 된다. 물질만능과 금전만능의 노예로부터 과감히 벗어나서 주체적 인간상을 회복할 때 우리들 인간은 우리들 자신의 모체인 자연을 새롭게 대할 수 있을 것이다. 인간은 자연의 극히 작은 일부일 뿐이다. 자연이 훼손되고 파괴된다면 인간의 생존은 어떤 방법으로도 보장받을 수 없다.

진리도 변화한다

# 진리의 뜻

## 앎과 진리

적어도 오십 년이나 백 년 전 사람들의 삶은 비교적 단순하였다. 유행가 가사에도 나오는 것처럼 봄이면 씨 뿌리고, 가을이면 거두어들이면서 그날그날을 먹고살면 부러울 것이 없었다. 그렇지만 최근 우리들의 삶의 모습은 엄청나게 복잡하고도 다양하다.

삶과 사회가 복잡해짐에 따라서 우리들이 접하는 학문들도 헤아릴 수 없을 정도로 다양하다. 예컨대 의학 한 분야만 보더라도 수없이 많은 분과로 구분된다. 내과만 해도 간 전문, 대장 전문, 폐 전문, 콩팥 전문 등 무수히 많은 전문이론으로 갈라진다. 이처럼 허다한 학문들은 제각기 색다른 지식을 우리들에게 제공하며 각자의 지식이 참다움을 주장한다.

인간은 장구한 세월에 걸쳐서 점차로 지식을 축적하여 왔다. 여러 학문들이 제공하는 지식들에 의해서 우리들은 소위 신화로부터 이성으로의 길을 걸어왔다고 말할 수 있다. 고대 원시인들에게 삶과 세계는 수수께끼 자체였다. 그러나 인간은 다양한 지식들에 의해서 수수께끼들을 제거하고 무지의 베일을 벗어 던질 수 있었다.

영국 근대 경험론 철학자 프랜시스 베이컨은 이미 "아는 것이 힘이다"라고 말함으로써 지식이 수수께끼와 무지를 물리칠 수 있는 힘이라는 것을 강조하였다. 그런데 인간은 왜 알려고 하는 것일까? 이 물음에 대한 답은 지극히 간단하다. 인간은 본성상 알려고 하기 때문에 지식욕을 가진다. 예컨대 내가 주먹 안에 무엇인가를 감추고 아이들에게 "이 주먹 안에 무엇이 있지?"라고 물으면 정상적인 사람이라면 누구든지 호기심과 궁금증을 가지고 지식욕을 충족시키려고 한다.

물론 지식이 무엇인가라고 물으면 어느 누구도 지식이 어떤 것이다라고 간단명료하게 한 마디로 정의 내리기는 힘들다. 그렇지만 그리스의 철학자 아리스토텔레스가 말한 것처럼 인간에게는 순수한 지적 욕구가 있는 것이 사실이다.

좀더 자세히 생각해 본다면 지식에는 두 가지 측면이 있다. 하나는 유용성의 측면이고 또 다른 하나는 참다움의 측면이다. 내가 컴퓨터 이론을 공부하는 것은 컴퓨터를 잘 다루기 위해서이다. 컴퓨터 공학은 유용성의 측면이 강하다. 왜냐하면 컴퓨터 공학의 목적은 컴퓨터를 능숙하게 다루고 써먹는 데 있기 때문이다.

그렇지만 지식에는 유용성과 전혀 상관없는 측면도 있다. 가냘픈 소녀를 연상하게 해주는 코스모스는 왜 가을에 피며 또 어떻게 해서 분홍색, 빨간색, 흰색의 꽃을 피우는지를 알고 싶어하는 것은 유용성과는 상관없는 지식의 측면이다. 또 우리 나라의 국토는 왜 70%가 산이며, 비는 왜 장마철에만 집중적으로 내리는지를 알려고 하는 지식욕 역시 어디에 유용하게 써먹으려는 것이 아니라 순수한 지적 욕구이다.

지식의 유용성과 참다움은 현실세계에서 긴밀하게 연관되어 있는 경우가 많기 때문에 두 가지를 완전히 분리시키기는 어렵다. 그렇지만 우리들은 어떤 지식이 실용성이나 유용성에 적합한지 그리고 또 어떤 지식이 진리에 적합한지를 어느 정도 가려낼 수 있다.

우리들은 거짓 앎을 지식이라고 부르지 않으며 거짓된 앎의 체계를 학문이라고 부르지 않는다. 무릇 학문은 참다운 지식을 추구하여 그 결과를 우리에게 알려주는 과제를 가진다. 참다운 지식은 바로 진리를 대변한다.

그렇다면 도대체 진리란 무엇인가? 진리를 한 마디로 정의하기란 매우 어렵다. 우리들은 참다운 앎을 또는 앎의 과정을 그리고 때로는 앎의 결과나 앎의 대상을 진리라고 말한다. 좀더 자세히 말하자면, 진리란 어떤 사태나 사물 또는 그것들의 관계를 올바르게 표현하는 판단내용을 가지는 '객관적 타당성'이다.

그러므로 '지구상의 모든 물체는 중력을 가진다'거나 '인간은 누구나 죽기 마련이다'와 같은 판단을 우리들은 진리라고 부른다. 진리란 객관적으로 타당하며 시간의 변화와 상관없이 영속적으로 가치를 가지는 판단이다.

고대 그리스의 철학자들은 철학(philosophia)을 일컬어 지혜(sophia)에 대한 사랑(phila)이라고 하였다. 학문적 진리가 좁은 의미의 진리라고 할 것 같으면 위대한 사상가들이 추구한 지혜는 넓은 의미의 진리라고 말할 수 있다. 예컨대 수학에서 5+7=12가 좁은 의미의 수학적 진리일 것 같으면 불교에서의 깨달음은 넓은 의미의 진리에 해당한다.

## 진리탐구의 노력

소위 위대한 사상가들이나 철학자들은 한결같이 진리 내지 지혜를 찾기 위해서 그리고 그것을 실행하기 위해서 일생을 바쳤다.

예수는 절대자 하나님에 대한 신앙이 참다운 진리이며 지혜라고 믿고 자신의 목숨도 아끼지 않고 십자가에 못 박히면서 신앙을 전파하려고 하였다. 하나님에 대한 신앙과 아울러 하나님은 예수에게 있어서 길이요, 생명이며, 진리였다. 석가모니는 헛된 삶을 벗어나서 참다운 자신과 세계를 깨닫고자 노력하였고, 그러한 깨달음을 세상의 모든 사람들에게 가르치려고 하였다. 공자는 하늘이 명한 천명(天命)을 진리로 여기고 이 진리에 따라서 성인(聖人)과 군자(君子)의 삶이 가장 보람찬 삶이라는 것을 가르치려고 했다. 그런가 하면 소크라테스는 델피 신전의 무당이 말한 '너 자신을 알라'는 신탁(神託)에 따라서 인간 각자가 자기 자신의 무지(無知)를 깨달음으로써 정의(正義)를 실현할 때 가장 바람직한 삶을 살 수 있다는 것을 세상에 널리 알리려고 하였다.

이상에서 예를 든 소위 사대성인(四大聖人)들과 수많은 사상가들은 넓은 의미의 진리 또는 지혜를 추구하여 세상 사람들에게 그것을 알리고 가르치고자 하였다. 그런가 하면 철학을 비롯해서 자연과학이나 사회과학 또는 인문과학의 여러 분과들에 몰두한 수많은 학자들은 학문적 진리를 발견하여 그것을 세상에 알리고자 하였다.

보통 우리들은 의심할 수 없이 참다운 영원불변한 앎 또는 판단을 진리라고 생각한다. 그런데 어떤 판단이 과연 사태나 사물 또는 그것들의 관계를 옳게 표현하는 앎인지 우리들은 어떻게 알 수 있는가? 결국 철학에서 진리문제는 우리들의 앎에 의해서 결정된다. 인간의 아는 능력은 어디까지이고, 인간은 사태나 사물을 어떻게 아는지를 탐구하는 철학의 분야는 인식론이다. 따라서 진리이론은 인식론의 영역에서 다루어진다고 볼 수 있다.


## 몇 가지 진리이론들

가장 많은 사람들이 따르는 진리이론은 진리 절대설로 이것은 모사설(copy theory)을 추종한다. 모사설의 주장은 다음과 같다. "우리 인간의 마음은 거울이나 사진기와 같은 것이고 외부대상이 마음에 비추어졌을 때 앎 곧 인식이 성립한다." 모사설에 따르면 마음에 비추어진 외부사물의 모습이 외부사물 자체와 일치할 경우 진리가 성립한다.

그러므로 진리를 알기 위해서는 가능한 한 맑고 고요한 호수와도 같은 마음의 평정이 요구된다. 온갖 종류의 편견과 선입견을 제거함으로써 자칫하면 생길 수 있는 오류들의 여지를 없앨 때 진리를 알 수 있다.

진리란 이미 주어져 있는 것이고 인간은 진리를 인식할 수 있는 이성이나 직관능력을 소유하고 있다는 것이 절대론자들의 주장이다. 고대 그리스의 플라톤, 아리스토텔레스 그리고 근대 합리론 철학자들인 데카르트와 스피노자 및 독일 관념론 철학자들은 진리 절대론을 옹호하는 철학자들이다.

그렇지만 영국 경험론 철학자들은 진리를 상대적인 것으로 본다. 특히 흄(D. Hume, 1711~76)과 같은 철학자는 우리의 모든 앎은 습관 내지 관습에 따라서 성립하기 때문에 절대적 진리란 있을 수 없다고 말한다. 그런가 하면 고대 그리스의 궤변철학자들(소피스트)은 진리 자체에 대해서 의심하는 회의론을 대변한다. 특히 프로타고라스(Protagoras, 기원전 약 481~411)와 같은 궤변철학자는 "인간은 만물의 척도이다"라고 말함으로써 보편 타당한 객관적 진리란 없다고 보았다.

프로타고라스에 의하면 우리들은 감각경험에 의해서 대상을 알지만, 감각경험은 수시로 변하는 것이다. 게다가 각각의 인간은 그 자신이 판단의 기준이 되기 때문에 똑같은 대상을 보아도 사람마다 서로 다르게 보기 마련이다. 따라서 보편 타당한 진리란 있을 수 없다. 프로타고라스가 말하는 "인간은 만물의 척도이다"의 뜻은 인간이 만물의 중심이라는 것에 있지 않다. 그의 말은 인간 각자는 각자가 자기 중심적으로, 자기 멋대로 경험하고 판단하며 생각한다는 뜻을 가진 말이 바로 프로타고라스가 말한 "인간은 만물의 척도이다"가 가지는 핵심이다.

그런데 절대적 진리를 인정하지 않으면서도 진리를 전면적으로 부정하지 않을 뿐만 아니라 의심하지도 않는 입장이 있다. 관찰과 실험 그리고 검증에 의해서 대상을 탐구하는 실증주의와 실용적인 진리관을 주장하는 실용주의 두 가지 경향은 모두 진리상대주의의 입장을 지닌다.

실증주의는 앎의 가능성을 경험의 범위 안에 한정하고, 경험적인 실증범위에 국한해서 진리를 인정한다. 그런가 하면 실용주의는 앎의 가치나 진리성은 실용적 결과에 의해서 결정된다고 본다. 어떤 실용주의 철학자는 다음처럼 말한다. "신이 존재한다는 것은 진리인가 아닌가? 만일 신이 존재한다는 것이 어떤 사람에게 실용적이라면 신이 존재한다는 것은 그 사람에게 진리이다. 그렇지만 만일 신이 존재한다는 것이 어떤 사람에게 실용적이지 못하다면 그것은 진리가 아니다." 실용주의에서는 유용한 판단은 참다운 것이며 무용한 판단은 그릇된 것이다.

그런가 하면 독일 철학자 칸트(1724~1800)는 구성주의적 인식론의 입장에서 진리이론을 제시한다. 칸트에 의하면 직관과 사유의 필연성으로부터 보편타당하며 모순 없는 내적 체계에 속하도록 구성된 지식만이 진리일 수 있다. 칸트가 말하는 진리란 인간이 생각한 것들이 모순 없이 서로 일치하고 사유법칙에 대응할 때 비로소 성립하는 것이다.

이상과 같이 볼 때 극소수의 극단적인 입장이 진리를 부정하거나 의심했고 대부분의 철학자들은 절대적 진리 또는 상대적 진리를 추구함으로써 참다운 앎에 도달하고자 했음을 알 수 있다. 우리들이 초등학교부터 대학에 이르기까지 학문을 배우고 진리를 탐구하는 것은 실생활에 써먹기 위한 측면도 있지만 다른 한편으로는 순수하고도 참다운 앎을 찾음으로써 지식욕을 충족시키려는 측면도 있다.

## 최근의 진리 이론들

현대에 들어와서 철학자들 사이에서 거론되고 있는 이론들은 크게 네 가지로 분류된다. 그것들은 각각 진리대응설, 진리정합설, 실용주의적 진리설 및 진리수행설이다.

(가) 진리대응설: 진리대응설은 모사설을 뒤따른다. 인간의 신념, 인식, 판단 등이 참답기 위해서는 그러한 것들에 대응하는 사실이 존재하여야 한다는 것이 진리대응설의 주장이다.

(나) 진리정합설: 진리정합설은 진리일치설이라고도 일컬어진다. 진리정합설은, 어떤 명제(또는 문장)가 선택된 명제의 체계와 모순된다면 그 명제는 거짓된 것이고 반대로 어떤 명제가 선택된 명제의 체계 안에 모순 없이 포함될 수 있다면 그 명제는 참다운 것이라고 주장한다. 예컨대 앞에서 말한 칸트의 진리론은 진리정합설에 속한다.

(다) 실용주의적 진리설: 이 이론에 의하면 인간의 지식, 사상, 관념, 명제 등의 참과 거짓은 그것들이 가져올 실제적 결과의 유용성 여부에 따라서 결정된다. 즉 어떤 사상이 실제적으로 유용하면 그것

은 진리이고 그렇지 못하면 그것은 그릇된 것이다. 실용주의적 진리설은 지식을 수단이나 도구로 삼으므로 현실을 변화시키고 개혁할 수 있는 강한 힘을 가질 수 있다. 그러나 실용주의적 진리성은 자칫하면 극단적인 상대주의나 회의론에 빠질 수 있다.

(라) 진리수행설: 진리수행설은 지금까지의 진리이론들에 비해서 혁신적인 측면을 가지고 있다. 즉 진리를 어떤 사물이나 사태의 성질이나 관계로 보는 전통적 진리관에 반대해서 어떤 판단의 진리는 그 판단의 수행에 있다는 것이 진리수행설의 입장이다. 예컨대 "내가 너를 사랑하는 것이 참이다"의 경우 "…… 참이다"는 사랑하는 행위를 보증하고 인정하는 의미의 다른 의미를 가지지 않는다.

진리를 탐구하는 과정은 멀고 험하지만 진리의 의미에 한 발자국씩 다가갈수록 우리들 각자는 인간이 무엇이며 삶이 무엇인지에 대한 깨달음을 조금씩 얻을 수 있을 것이다.

# 과학적 지식은 불변하는 진리인가?

## 추리와 지식

　17세기 근대의 시작과 아울러 과학적 지식이 지식을 대변하게 되었다. 물론 15~16세기의 르네상스시대에 지리상의 신대륙 발견, 종교개혁, 문예부흥 등과 함께 본격적인 과학의 발명어 시작되었으나 과학적 지식에 대한 확신이 굳어진 것은 17세기 이후이다.

　근대철학자들은 개념들을 가지고 판단하며 판단들을 가지고 추리함으로써 확실한 지식을 얻을 수 있다고 믿었다. 21세기를 살아가고 있는 우리들에게는 실증주의적인 과학지식보다 더 신빙성 있는 지식이란 아무 것도 없다. 첨단 전자장비를 만들 수 있는 것은 과학지식이고, 정교한 최신 각종 무기를 만들 수 있는 것도 과학지식이며, 생물체 복제를 가능하게 할 수 있는 것도 과학지식이고, 다양한 생명과학의 테크닉을 가능하게 하는 것 역시 과학지식이다.

　나는 현대사회를 일컬어 디지털-사이버 후기자본주의사회라고 부른다. '디지털-사이버'는 후기자본주의의 특징이다. '디지털-사이버'는 물질의 최대한의 효용성을 뜻한다. 우리는 과거의 물질적 도구를 아날로그방식으로 그리고 현재와 미래의 물질적 도구를 디지털-사이버방식으로 부를 수 있다. 디지털-사이버방식은 인간의 욕망을 가장 훌륭하게 충족시키는 물질적 도구가 가지는 특징이다.

현대인은 디지털-사이버방식을 과학지식에 의해서 산출해내었고 그 방식으로 최대한으로 욕망을 충족시키고 있다. 우리들은 연역추리, 귀납추리 그리고 평가추리에 의해서 지식을 형성하는데 과학지식은 연역추리나 귀납추리에 의해서 이루어진다. 최근의 과학지식은 주로 경험적 실험과 검증에 의존하기 때문에 귀납추리의 성격이 매우 강하다.


## 실증주의적 지식

자연과학의 지식을 가장 발달한 최고의 지식이라고 주장한 최초의 철학자는 프랑스의 실증주의 철학자 콩트(1798~1857)이다. 콩트는 인류 역사의 발전단계를 지식의 발전단계로 보고 3단계로 나누었다. 그것들은 각각 신학적 단계, 형이상학적 단계 및 과학적 단계이다. (가) 신학적 단계는 가상적 상태로서 모든 것이 아직 애매하며 성직자들이 주도권을 소유한다. 신학적 단계는 고대로부터 14세기 중세까지의 시기이다. (나) 형이상학적 단계는 추상적 상태이며 법학자와 철학자가 주도권을 가진다. 형이상학적 단계는 15세기부터

16세기까지의 시기이다. (다) 과학적 단계는 실증적 상태이고 17세기 이후 과학자들이 지배하는 단계이다.

콩트는 실증적 단계에서의 학문을 기초학문을 바탕으로 삼아서 가장 복잡한 학문을 모두 실증적인 것으로 제시한다. 수학, 천문학, 물리학, 화학, 생물학, 사회학 등 그가 제시하는 과학적 단계의 학문들은 모두 실증적인 것들이다. 인간의 지식은 신학적 단계를 거쳐서 형이상학적 단계에서 더 확실한 것으로 발달하며 다시 과학적 단계에서 가장 확실한 것으로 발달한다. 콩트 이래로 실험하고, 관찰하고, 검증되는 과학적 지식이야말로 참다운 지식으로 여겨지게 되었다.


## 세 가지 추리

일반적으로 우리의 지식은 연역추리, 귀납추리, 평가추리 등 세 가지 추리에 의해서 성립한다. 각각의 예를 살펴보기로 하자.

"모든 사람은 죽는다. 소크라테스는 사람이다. 그러므로 소크라테스도 죽는다."

"이 고추를 먹어 보니 맵다. 저 고추도 먹어 보니 맵다. 그러므로 모든 고추는 맵다."

"타인을 나 자신과 마찬가지로 목적으로 대하고 결코 수단으로 대하지 말라는 것은 양심의 명령이다. 양심의 명령에 비추어 보건대 당신이 종업원을 마구 부려먹는 것은 정당하지 못하다."

이상의 세 종류의 추리들에서 첫번째 것은 연역추리이고, 두 번째 것은 귀납추리이며, 세 번째 것은 평가추리이다. 연역추리는 보편법칙을 특수한 개별사실의 경우에 적용한다. 그런가 하면 연역추리는 특수한 개별사실들을 관찰함으로써 보편원리에 도달한다. 평가추리는 의미나 가치의 기준을 가지고 사태를 평가하면서 추리한다. 연역추리는 수학을 비롯해서 철학 등 기초학문과 아울러 인문학에서 널리 사용된다. 귀납추리는 대부분의 자연과학에서 사용된다. 평가추리는 도덕이나 윤리의 문제에서 사용된다.

현대 과학의 기초를 이루는 것은 수학과 아울러 실험, 관찰 및 검증이다. 따라서 과학적 지식은 주로 연역추리 및 귀납추리에 의해서 형성된다고 말할 수 있다. 현대철학의 한 흐름인 논리실증주의에서는 어떤 명제가 의미 있는지를 판별하는 기준을 동의어반복(tautology)과 검증가능성의 원리(principle of verifiability)라고 본다.

동의어 반복은 2+3＝5처럼 수학적이며 연역적인 추리에 의한 지식이다. 검증가능성의 원리는 우리의 경험적인 실험과 관찰에 의해서 참과 거짓을 가려낼 수 있는 원리 곧 귀납추리의 원리에 해당한다.

# 인간은 느끼며 생각하는 존재이다

보통 우리들은 과학지식 곧 실증적 지식을 절대적인 것으로 믿는다. 그렇지만 똑같은 방정식에 대해서 두 수학자는 서로 다른 이론을 가질 수 있다. 왜 그럴까? 제아무리 확실한 과학지식일지라도 그 지식의 바탕은 인간의 신념이다. 두 수학자가 서로 기본적인 신념이 다르면 똑같은 방정식을 바라보는 각자의 안목 또한 서로 다를 수밖에 없다. 우리들은 연역추리, 귀납추리에 의한 사실의 지식과 평가추리에 의한 가치의 지식을 구분할 수 있다. 그렇지만 삶에서 사실의 지식과 가치의 지식은 항상 불가분의 관계를 맺고 있다.

과학적 지식은 불변하는 절대진리가 아니라 어디까지나 생각하는 인간이 만들어낸 가설이다. 가치의 지식 역시 인간의 산물이다. 과학적 사실의 지식과 가치의 지식을 어떻게 적절히 조화시킬 수 있는가가 중요하다. 그렇지만 더 중요한 것은 과학적 지식의 한계를 깨닫고 지혜로 향한 길을 모색하는 일이다.

# 진리도 변화한다

## 상식과 진리

　건전한 상식은 사람으로 하여금 원만한 사회생활을 하도록 하는 힘이다. 우리들은 삶에서 상식이 얼마나 중요한지 다음과 같은 말들에서 익히 알 수 있다.

　"저 친구는 친구들 사이에 있어서 상식 없는 친구로 소문이 나 있어. 아, 글쎄 친구에게 돈을 꾸었으면 당연히 갚아야 되는데도 불구하고 번번히 오리발을 내미는 거야. 오히려 화를 내면서 돈을 꾼 적이 없다는 거야. 그러니 친구들이 왕따 시킬 수밖에 없어."

　"진리가 어디 따로 있겠어? 건전한 상식이 바로 진리인 거지. 아주 전문적인 지식이라는 것도 알고보면 다 상식으로부터 출발한단 말이야. 몸에 좋은 음식이 다 약이 된다는 것도 알고 보면 기본적인 상식이야.

너무 마르거나 뚱뚱한 것도 상식이 부족해서 그렇게 된 거야."

일상생활을 살아가기 위해서 필요한 지식이 바로 상식이다. 그런데 상식은 소위 진리라고 하는 것과 차이가 없는 것인가? 진리는 보통 불변하는 이치 또는 참다운 이치 등으로 이해된다. 5+7 =12라는 것에 대해서 우리들은 수학적 진리라고 말한다. 왜냐하면 5+7은 보편적으로 그리고 필연적으로 12여서 5+7 =12는 불변하기 때문이다.

그러나 우리들은 진리란 상식으로부터 출발하고 상식과 같을 수도 있으나 언제나 상식과 같은 것은 아니라고 말할 수 있다. 예컨대 매우 복잡한 미적분 방정식은 상식차원에서 이해되지 않는다. 또한 고차원적인 철학이론들 역시 상식세계에 속하지 않는다. 마찬가지로 복잡한 컴퓨터 프로그래밍도 상식으로는 이해되지 않는다.

일상생활에서 대부분의 문제들은 상식에 의해서 해결된다. 일상성의 특징은 상식이다. 우리들은 상식의 세계 안에서 지껄이고, 호기심을 보이며, 반복하는 권태로운 삶을 살아간다.


## 상식은 의심스러운 것이다

프랑스의 근대 합리론 철학자 데카르트(1596~1650)는 《방법서설》이라는 책에서 소위 '방법론적 회의'를 제시한다. 방법론적 회의란 무조건적인 의심과 다르다. 무조건적 의심은 불가지론(不可知論)에 도달한다.

"이 세상에 확실한 것은 아무 것도 없어. 확실한 것이 아무 것도 없다는 사실조차 의심될 수밖에 없어. 나의 존재? 자아란 수시로 변하는데 어떻게 자아가 무엇인지 그리고 과연 자아가 있는지 누가 알겠어? 내가 이렇게 의심하는 것조차 정말 의심하는 건지 아닌지 알 수 없어."

아무 것도 알 수 없다는 것은 불가지론이다. 데카르트는 과연 확실하고 참다운 것은 없을까라는 물음을 가지고 확실하고 참다운 것을 찾기 위한 방법으로 모든 것을 차근차근 의심해 보기로 하였다. 데카르트의 방법론적 회의는 무조건적 의심이 아니고 확실하고 참다운 것을 찾기 위한 방법론적 의심이다. 데카르트는 꿈, 감각, 수학 등 모든 것을 의심하였다. 그러나 그는 의심하기 위해서는 의심하는 자가 있음이 분명하다고 생각하였다. 의심하는 것은 생각하는 것이다. 그래서 그는 철학하기의 제일원리에 해당하는 다음과 같은 명제에 도달하였다. "나는 생각한다. 그러므로 나는 존재한다."

일단 확실하고 참다운 자아관념을 얻자 데카르트는 자아로부터 출발해서 수학, 논리적 명제, 신 등의 관념은 참답고 확실하다고 믿었다. 우리들이 일상생활에서 유용한 것으로 여기는 상식은 철저한 비판과 반성을 거치지 않은 것들이기 때문에 대부분 의심스러운 것이다. 적어도 진리란 비판과 반성을 거친 참다운 이치이어야만 한다.

# 형식적 진리와 내용적 진리

사물이나 사태에 대한 참다운 이치가 진리라고 한다면 진리는 크게 형식적인 것과 내용적인 것 두 가지로 구분된다. 예컨대 수학적 및 논리적 진리는 형식적 진리이다.

"5+7은 12이다."

"정상적인 여성은 결혼하면 출산한다. 김유진은 정상적인 여성이다. 그러므로 김유진도 결혼하면 출산한다."

위의 두 판단은 추리형식상 참이기 때문에 형식적 진리를 제시한다. 그렇지만 다음의 예를 보자.

"사람이란 주체성을 가지고 자신을 깨닫지 않으면 안 된다. 왜냐하면 깨달은 사람만이 현명하게 사회를 이끌어 나갈 수 있기 때문이다."

"철학하기는 삶과 세계의 의미와 가치를 이해하고 체험하며 해석하는 작업이다. 그러므로 제대로 철학하려면 실천적인 체험과 아울러 이론적인 사유가 필연적으로 결합하지 않으면 안 된다."

위의 두 주장에는 형식상의 참다움이 전혀 없다. 그러나 이들 주장은 내용적인 진리를 담고 있다.

# 진리는 문화의 산물이다

적어도 20세기 중반까지는 사람들이 불변하는 진리를 믿는 경향이 강하였다. 그러나 인류학, 사회학 등과 아울러 여러 개별 학문들이 발달하고 또한 거대담론(독단론)이 붕괴되면서부터 보편적이고 필연적인 진리개념도 점차 사라지게 되었다. 현대 프랑스 철학자 푸코는 《지식의 고고학》이나 《광기의 역사》에서 지식은 물론이고 광기도 시대와 장소에 따라서 다르게 평가된다는 것을 밝히고 있다. 예컨대 중세는 물론이고 근대까지만 해도 여자만 미치는 것으로 알았다. 그러나 19세기에 들어와서 인간은 누구나 미칠 수 있다는 것이 밝혀지게 되었다.

지구에 관한 이론만 해도 중세에는 지구가 태양계의 중심이고 평평한 접시와 같은 것으로 생각되었다. 그러나 지금 우리는 전혀 다르게 생각한다. 우리들은 어떤 사태나 사물에 관해서 가설을 세우고 그것이 신빙성이 많으면 진리라고 주장한다. 그러나 시간과 장소가 변하고 진리가 붕괴되면 우리는 새로운 가설을 또 세우고 그것을 진리라고 부른다. 결국 진리도 변할 수밖에 없다.

평등의 참다운 의미

# 동양사상과 서양사상

## 동양과 서양의 전통의 차이

21세기에 들어와서 인터넷의 발달과 교통의 발달로 인해서 시간과 공간의 차이가 놀라울 정도로 좁아졌다. 여건만 허락한다면 우리들은 아주 짧은 시간 안에 지구상의 어떤 곳에라도 갈 수 있다. 지금 지구상의 대부분의 인간은 모두 비슷한 생활방식을 가지고 삶을 영위하는 것처럼 보인다. 어떤 지역에서 어떤 신분으로 살든지 인간은 모두 돈과 최첨단 전자기기를 원한다. 표면상으로 인간은 누구나 할 것 없이 하나같이 일차원적 인간이다.

그러나 사람들의 사는 모습을 상세히 살펴볼 때 우리들은 고유한 역사와 전통을 무시할 수 없다. 제아무리 서구화하고 현대화했다고 할지라도 한국인이나 중국인의 얼은 동양적인 전통에 젖어 있다. 마찬가지로 독일이나 프랑스인의 얼은 서양정신에 물들어 있다.

"저 교수님은 대학을 마치자마자 미국에 유학을 가서 십오 년 동안이나 살았대. 박사 과정을 마치고 나서 그곳 대학에서 몇 년간 가르치다가 한국에 오셨대. 영어 하는 거 들어보니까 정말 미국사람 같더라. 그런데 저녁 회식자리에서 술 한잔 들어가니까 미국에서 오래 산 티는 어디로 갔는지 하나도 없어. 아, 글쎄 노래를 하는데 아리랑에 새타령에 소양강 처녀에 완전히 된장냄새 물씬 물씬 나더라니까."

"내가 아는 미국인 의사가 있어. 그 사람 부모가 선교사라서 한국에 온 지 꽤 오래 되었고 그 의사는 한국의 남쪽 지방에서 태어나 그곳에서 학교를 다녔어. 말하는 거나 행동하는 거나 한국 사람과 차이가 나지 않아. 그런데 가끔 철저한 시간 지키기, 질서, 합리성 등을 따지는 걸 보면 역시 틀림없는 서양 사람이라니까."

지구상의 각 지역의 오랜 역사는 전통의 밑거름이 된다. 다시 역사와 전통은 의식의 토대가 된다.

"우리 나라 사람들이 왜 평등의식과 정의에 관한 의식이 부족한지 알고 있습니까? 우리들은 역사적으로 장기간 농경생활에 익숙하여 살아 왔습니다. 마을끼리 모여 살면서 가장 나이 많은 어른의 말에 대부분의 사람들이 귀를 기울였고 자연과 더불어 살아 왔습니다. 말하자면 사회 구조의 다양한 변화가 없었으니 남존여비 사상이 굳어 버리고 어른을 섬기는 것이 상식으로 여겨져 왔던 것입니다. 사실 우리 나라 사람들에게는 평등이라든가 정의와 같은 개념들은 상당히 낯선 것들입니다."

"서양 사람들은 거의 천년 이상 전쟁을 치르면서 중세, 근대, 현대라는 시기들을 직접 만들고 체험했어. 그들은 봉건주의, 자본주의, 사회주의 등 사회구조의 변화를 겪었으며 서로 장기간 치고 받고 싸우면서 결국 인간이란 각자가 자유롭고 평등하다는 것을 깨닫게 되었어. 또한 자유롭고 평등한 것이 바로 정의의 실현이라는 것도 알게 되었지."

위의 말들에서 이미 우리들은 어느 정도 동양사상과 서양사상의 차이에 대한 암시를 엿볼 수 있다.


## 분석과 종합

"서양에서 왜 자연과학이 발달할 수 있었는지 아니? 그것은 바로 수학과 논리학이 일찌감치 발달했기 때문이야. 서양 사람들은 정말 꼬치꼬치 따지고 분석하는 정신이 투철해."

서양사상의 가장 우선적인 특징은 분석에 있다. 논리적 분석은 오류를 제거하고 완전하고 절대적인 지식에 도달하고자 한다. 논리적 분석의 기초는 고대 그리스의 이성과 기독교 신앙이다. 고대 그리스의 이성은 완전성을 그리고 기독교 신앙은 절대성을 추구한다. 이성과 신앙의 결합은 바로 서양사상의 바탕이다.

그런가 하면 동양사상의 특징은 종합에 있다. 중국이나 한국의 동양화 중 산수화를 예로 살펴보자. 한 폭의 그림은 산과 나무와 계곡을 하나하나 분석하지 않고 산과 물 전체를 종합적으로 그린다. 서양사상은 이성으로 분석하는 반면 동양사상은 직관으로 종합한다.

## 직선의 문화와 곡선의 문화

우리들은 스스로를 가리켜서 은근과 끈기가 한국인의 정신적 특징이라고 말한다. 우리들 한국인의 얼과 넋은 한 많은 정을 안고 완만하게 흐른다. 일반적으로 동양인들은 오랜 세월 농경생활에 익숙해서 자연과 더불어 살아 왔기 때문에 특별히 인위적으로 바쁠 것이 없었다. 계절의 변화에 발 맞추어 씨 뿌리고 거둬들이는 것이 삶이었다. 그러나 서양인들은 사냥하고 전쟁하기 위해서 예리한 무기를 만들어야 했다. 서양인들은 도로와 건물을 합리적으로 건설하기 위해서 직선개념을 사용하였다. 옛날 우리 나라의 시골 길과 집을 보면 그 형태는 자연스러운 곡선을 이룬다. 기와집의 멋들어진 곡선은 바로 한국인의 사상을 대변한다.

## 입체와 평면

서양 사람은 멀리서 보면 윤곽이 뚜렷해서 멋있지만 가까이에서 보면 눈, 코, 입이 크고 징그럽다. 동양 사람은 멀리서 보면 얼굴 생김새가 평평해서 못난이 같지만 가까이에서 보면 볼수록 아기자기하고 피부도 보드라워서 예쁘게 보인다. 서양인은 생각도 입체적이다. 아리스토텔레스가 스승 플라톤의 사상을 비판하고 자신의 철학체계를 세우는 것은 입체적 사상의 결과이다. 서양사상은 입체적이며 동적이다.

동양사상은 불교, 유교, 도교 등을 보아도 옛 것을 그대로 물려받기 때문에 평면적이고 또한 정적이다. 서양에서는 영국의 명예혁명, 프랑스 대혁명, 공산주의 혁명 등의 큰 혁명이 있었지만 동양에서는 그런 혁명들이 없었다.

지금 21세기 초반 동양과 서양이 매우 가깝게 만나고 있다. 우리들은 서양은 모든 것이 다 좋고 최고라는 편입견을 많이 가지고 있다. 동양사상을 발굴하고 서양사상을 제대로 소화함으로써 한국사상의 주체성을 확보하는 것이 우리 문화의 고유성을 가질 수 있는 유일한 방안이다.

# 왜 세계가 존재하는가?

## 무엇이 세계인가?

근대 대륙의 합리론 철학자 라이프니츠(1646~1716)는 "왜 세계는 없지 않고 있는가?"라는 물음을 철학의 궁극적 물음으로 제시하였다. 이 물음은 매우 엉뚱하거나 아니면 어리석은 물음으로 여겨진다. 만일 누가 "나는 왜 없지 않고 있는가?"라고 묻는다면 우리는 그 사람을 가리켜서 정상적인 정신의 소유자가 아닐지 모른다고 생각할 것이다.

만일 세계가 없다면 아무런 물음의 여지도 있을 수 없다. 세계는 있다. 그러므로 우리는 우선 세계는 무엇인가라고 묻는다. 그리고 다음으로 세계는 어떻게 존재하는가라고 묻는다. "세계는 왜 있는가?"라는 물음은 결국 "세계는 왜 없지 않고 있는가?"라는 물음과 동일하다. "세계는 없지 않고 왜 있는가?"라는 물음은 세계가 무엇인가 그리고 세계가 어떻게 존재하는가라는 두 가지 물음을 포함하는, 세계에 대한 가장 궁극적인 물음이다.


## 세 가지 물음들

우리들은 일상성 안에서 매일을 살아간다. 일상생활의 물음은 무엇과 어떻게의 물음들로 구성되어 있다.

"저 앞에 사뿐사뿐 걸어가는 저 여인은 누구지? 너는 무엇을 그렇게도 맛있게 먹고 있니? 네가 그토록 바라는 장래 희망은 도대체 무엇이니? 무엇이 네 마음을 몹시 괴롭히니? 너는 무엇을 가장 고귀한 인생의 목표로 생각하고 있니?"

"수없이 많은 위대한 철학자들이 어떻게 그렇게 치밀한 철학적 사색을 전개했는지 잘 모르겠어. 나도 그림을 보면 내 나름대로 어느 정도 이해할 수 있어. 그러나 유명한 그림들을 보면 어떻게 그런 그림들을 그릴 수 있었는지 그저 놀라울 뿐이야."

매일매일 만나는 사람들끼리 무엇을 하면서 어떻게 지내는지 우리들은 서로 인사하고 문안하면서 살아간다. 그러나 막상 가까운 사람들에게 근원물음을 던지면 그들은 몹시 당황한다.

"엄마는 우리 남매들을 낳아 키우면서 너무너무 고생 많이 했어요. 오랜 세월 엄마가 우리들을 위해 모든 걸 바쳤다는 사실을 생각만 해도 더 할 말이 없어요. 그런데 엄마, 엄마는 왜 살아?"

"우주 자연은 경이 그 자체야? 저 나무는 왜 있을까? 별과 달은 그리고 하늘과 태양은 왜 있을까?"

'왜'의 물음은 근원물음이자 본질적인 물음이다. 일상생활의 무엇과 어떻게의 물음들에 익숙한 우리들은 누가 갑자기 '왜?' 물음을 제기하면 당황하고 그 물음으로부터 도망가려고 한다.

## 근원물음

일상생활에서 우리들은 무엇을 하고 어떻게 살아야 할까에 열중하기 때문에 누가 "왜 사는가?"라고 물으면 당황할 수밖에 없다. 일상성의 특징은 바로 '본질로부터의 도피'이다. 에리히 프롬은 《자유로부터의 도피》에서 현대인의 특징을 자유로부터의 도피라고 본다. 자유란 인간주체가 자신의 태도를 결단하는 행위이다.

현대인은 지극히 수동적이다. 현대인은 돈과 물질의 노예가 되어 있으며 사회가 시키는대로 수동적으로 행동하는 데 너무 익숙하여 있다. 현대인을 보고 자신의 행동을 스스로 주체적으로 결단하라고 하면 현대인은 그러한 결단을 포기하고 수동적인 자세로 물러서고 만다.

무엇과 어떻게라는 두 물음들은 일상성의 물음들인 반면에 '왜' 물음은 근원물음이다. '왜?' 물음은 형이상학적 물음이며 동시에 존재론적 물음이다. 형이상학은 세계가 무엇이고 어떻게 있으며 왜 있는가를 탐구한다. 다시 말해서 형이상학이나 존재론은 세계존재와 아울러 세계존재의 근거(원인 및 원리)를 탐구한다.

## 존재원리에 관한 물음

고대 중국의 주역으로부터 노장사상, 공자, 맹자의 원시유학, 주렴계와 주자의 성리학 그리고 우리 나라의 퇴계, 율곡의 유학에서도 존재하는 것들과 존재원리에 관한 탐구 곧 형이상학적 물음이 활발하게 제기되었다. 송나라 주렴계의 태극도설은 주역의 기본사상을 바탕으로 삼고 유, 불, 도를 종합한 우주의 형이상학적 체계이다.

주렴계의 태극도설에서 태허(太虛)는 도(道)로서 존재원리이다. 이 원리로부터 음과 양의 이기(二氣)가 나오고 음·양으로부터 수, 화, 목, 금, 토의 오행(五行)이 나오며 오행의 상호작용으로부터 만물이 생긴다. 주렴계의 태극도설을 한층 더 형이상학적으로 체계화한 것이 주자이며, 주자의 이론을 보다 더 정교하게 발전시킨 것이 바로 우리 나라의 퇴계나 율곡의 이기론(理氣論)이다.

이기론은 우주의 존재원리가 이(理)인가 기(氣)인가 하는 논쟁을 일컫는데 이런 형이상학 논쟁은 조선조 때 성리학의 핵심논쟁이었다. 이 논쟁이 지나치게 정치와 연관되어 공리공담으로 흐른 것은 이기론의 부정적 측면이다. 그러나 이기론의 참다운 형이상학적 논쟁은 한국철학에서 사색의 절정을 보여 준다.

퇴계는 주리론(主理論)의 입장에서 이(理)가 우주 만물의 주된 원리지만 기(氣)가 이(理)를 타고 다닌다는 이발이기승지(理發而氣乘之)를 주장했다. 율곡은 주기론(主氣論)의 입장에서 기(氣)가 주된 원리이고 이(理)는 기(氣)를 따라다닌다는 기발이이수지(氣發而理隨之)를 주장하였다.


## 인간은 왜 존재를 묻는가?

고대 그리스의 플라톤은 영원불변하는 이데아의 세계와 이것을 모방한 현실세계를 구분하는 이원론(二元論)의 입장을 취하였다. 헤겔(1770~1831)과 같은 독일 관념론 철학자는 절대정신이 스스로를 전개하는 과정을 현상세계라고 보았다. 마르크스(1818~1883)는 물질적인 생산관계가 인간의 삶의 가장 기본적인 바탕이라고 말하였다.

인간은 왜 존재를 묻는가? 각 인간이 어떤 형이상학적(존재론적) 입장을 가지느냐에 따라서 세계관과 인생관이 정해진다. 인간은 인간 자신을 알고 나아가서 자신의 의미와 가치를 형성하기 위해서 세계존재와 존재원리를 묻는다.

# 평등의 참다운 의미

## 인간은 사회적 동물이다

인간이 사회적 동물이라고 하는 말에 반대할 사람은 아무도 없을 것이다. 바로 지금 각자가 어떤 상황에서 매일을 살아가고 있는지를 돌이켜 볼 때 우리들 각자는 사람들 사이에서 자신의 삶을 이끌어 가고 있음을 스스로의 모습을 통해 바라보게 된다.

삶이 고통스럽거나 힘들 때 어떤 사람은 모든 인간관계를 떠나서 홀로 살고 싶은 욕구에 사로잡히기 쉽다.

> "부모님은 매일 잔소리만 하고 학교에 가면 별 소용없는 것만 공부해야 하고 또 학교가 끝나면 학원에 가서 지긋지긋하게 영어와 수학을 들어야 하고 ……. 이런 생활은 정말 내가 원하는 것이 아니야. 아무도 없는 깊은 산 속에 들어가서 농사나 지으면서 홀로 산다면 얼마나 행복할까?"

"고등학교에 들어가면 꼬박 3년 동안 대학입시를 준비해야만 해. 어디 그것으로 끝나나? 가능하면 일류대학에 들어가야지. 연애도 해야 하고 군대도 갔다 와야 되지. 돈 많이 주는 직장에 취직해서 결혼하고 아이도 낳고 ……. 어디 혼자만 살 수 있는 곳 없을까?"

이 지구의 어디를 가 보아도 사람들은 '우리들'로서 함께 모여서 살고 있다. 나와 네가 모여서 우리들을 형성하여 삶을 이끌어가고 있는 것이 인간의 사는 모습이다.

일찍이 그리스의 철학자 아리스토텔레스는(기원전 384~322) 인간을 일컬어 정치적 동물이라고 불렀다. 이 말은 인간이란 본래부터 사회적 동물이며 사회 안에서 각 인간은 자신의 행복을 실현하려고 한다는 뜻을 지닌다. 아리스토텔레스 이래로 수많은 사상가들은 정의를 실현할 수 있는 국가에 관해서 여러 가지로 고민하였다.

현재 우리가 가질 수 있는 가장 바람직한 국가관(또는 사회관)은 사회정의가 실현될 수 있는 사회로서의 국가에 해당한다고 말할 수 있다. 정의가 실현될 수 있는 사회에서는 당연히 인간의 불평등이 해소되고 평등이 보장되지 않으면 안 된다.

지금 우리들은 가까운 주변에서 너무나도 많은 인간 불평등의 현상에 직면하여 있다. 사회평등을 실현하기 위해서는 우선 불평등의 구체적 현상들을 정확히 알아야 하고 다음으로는 불평등의 기원을 철저히 밝혀야만 한다.

# 돈 많은 아이와 가난한 아이

옛날부터 우리들은 돈 많은 집을 가리켜서 잘사는 집이라고 불러왔다.

"우리 마을에서는 누가 뭐라도 최부자네가 제일 잘살지요. 집은 대궐처럼 크고 게다가 논과 밭도 엄청나게 많아요. 나도 한번 저렇게 잘살 수 있다면 얼마나 좋을지 모르겠네요."

"동석이는 잘사는 집 아이인 것이 틀림없어. 동석이가 학교에 올 때 타고 오는 자가용은 아주 고급이야. 그것도 국산 차가 아니고 외제 차야. 동석이는 옷도 아무 것이나 입지 않고 비싼 옷만 입어. 동석이가 가진 휴대전화는 최신형이야. 정말 동석이가 부럽다. 모든 사람들이 동석이네처럼 다들 잘살았으면 좋겠다."

이와 같은 말을 우리들은 가까운 주변에서 자주 들을 수 있다. 오늘날 가장 두드러진 사회적 불평등은 경제적 불평등에서 가장 잘 나타나고 있다. 가난함과 부유함이 마치 인간의 됨됨이를 측정하는 기준인 것처럼 생각되기 때문에 심지어는 중학생들 중 일부의 학생들도 돈이 모든 것을 해결할 수 있다고 확신한다.

"나는 공부 따윈 신경 쓰기 싫어. 지금부터 돈 벌 궁리만 할거야. 돈만 있으면 마음먹은 것은 무엇이든지 할 수 있어. 돈만 있으면 최신형 컴퓨터도 살 수 있고 신나는 외국여행도 할 수 있어. 돈만 있으면 멋진 아파트에 살면서 알찬 벤처기업을 만들고 일류대학 나온 수재들만 뽑아서 내 마음대로 일을 시킬 수 있어. 그러니까 나는 지금부터 오직 돈 버는 방법만 생각할 거야."

현재 우리 사회에는 수없이 많은 종류의 불평등이 엄연히 존재하며 마치 그러한 불평등이 당연한 것처럼 여겨지고 있기까지 한다. 물론 경제적 불평등이 가장 큰 불평등이지만 그 이외에도 남녀간의 불평등, 정치적 불평등, 학력의 불평등, 직업의 불평등, 노소의 불평등, 정상인과 장애인의 불평등……. 수없이 많은 불평등이 우리들의 의식과 사회에서 활개치고 있다.

갑자기 돈을 번 소위 졸부들은 돈을 물 쓰듯 쓰면서 거들먹거린다.

"내 돈 내가 쓰는데 왜들 잔소리가 많아? 내가 머리를 잘 쓰고 운도 좋아서 이렇게 많은 돈을 벌 수 있었어. 그 동안 내 마음대로 돈 써 본 적이 없었어. 이제 내 돈 가지고 술 좀 마시고 외제차도 타고 다니며 내 돈 내가 쓰는데 왜 참견들이 그렇게 많은 거야?"

만일 사회 구성원 각자가 보다 더 철저한 공동체 의식을 가질 수 있다면 사회적 불평등의 문제는 조금씩 해결될 수 있을 것이다. 인간의 마음은 대체로 비슷하다. 사람은 누구나 춥고 배고프면 괴롭기 마련이다. 그런가 하면 등 따뜻하고 배 부르면 누구나 마음이 느긋하기 마련이다.

돈 많다고 해서 오직 내 자식만 고액과외로 일류대학에 입학 시키고 해외유학 시킨 후 출세하게 한다면 그렇게 자란 아들은 어떤 인격을 가지게 될까? 만일 사회가 오직 자기 자신의 이익만을 추구하는 사람들로 가득하게 되면 그러한 사회는 인간의 불평등만 가져오고 결국 혼란만 들끓게 될 것이다.

권리와 의무는 동전의 양면과 같아서 언제나 양자가 균형을 이룰 때 가치를 가질 수 있다. 돈 많은 사람이 사회적 의무를 무시하고 수단과 방법을 가리지 않고 돈만 벌고 자기 멋대로 번 돈을 쓴다면 진정한 권리를 망각하고 오직 권력만 휘두르는 꼴이 된다. 합당한 의무를 동반하는 권리만이 진정한 권리일 수 있다.

예컨대 국회의원은 처음부터 홀로 국회의원이 된 것이 아니다. 국회의원은 뽑아 준 사람들의 권리를 대신해서 자신의 권리를 행사할 때 비로소 올바른 국회의원일 수 있다. 마찬가지로 재벌 회장도 처음부터 혼자 재벌 회장이었던 것이 결코 아니다. 수많은 회사 종업원과 그 이외의 사회구성원들의 협력이 없었다면 회사도 있을 수 없고, 재벌 회장도 있을 수 없다. 공동체 의식이 희박할 경우 국회의원이나 재벌 회장은 사회적 의무를 망각하고 개인의 권리만 주장하게 되어 단지 권력 휘두르기에만 집착할 수 있다.

우리들 각자가 나는 너를 그리고 너는 나를 깊이 공감하며 함께 살아가는 우리들을 무엇보다도 먼저 염두에 둘 때 비로소 공동체 의식이 굳건해질 수 있으며 동시에 공동체 사회가 가능할 수 있다. 공동체 의식이 없는 사회에서는 온갖 종류의 불평등이 잡초처럼 무성할 수밖에 없다.


## 고액과외와 조기 외국유학

　불평등은 더욱 큰 불평등을 초래하게 된다. 언론매체의 보도에 따르면 정상적인 학교교육에 소용되는 돈보다 과외 교육비가 훨씬 더 많다고 한다. 모든 사람들은 이런 현상이 잘못되었다는 것을 알지만 잘못된 현상을 바로잡을 방법을 찾지 못하고 있다. 오히려 많은 사람들은 빚을 내어서라도 자식을 과외 시키고 가능하면 빨리 유학이라도 보내려고 애쓴다.

　몇몇 부모들은 한숨과 분노를 함께 섞어 이렇게 말한다.

　"나는 평범한 월급쟁이여서 아이들 고액과외를 시킬 수도 없고 그렇다고 한 달에 몇백만 원씩 들여서 조기유학도 보낼 수 없어요. 그런데 돈 있는 사람들은 족집게 과외선생에게 아이들을 맡겨 결국 일류대학에 입학시키지 않습니까? 또 어떤 사람은 자식을 조기유학 보내 영어 한 가지라도 확실히 가르쳤기 때문에 한국에 돌아와서 좋은 직장에 버젓이 취직하지 않았습니까? 나도 내 자식을 마냥 내버려 두고 사회에서 뒤쳐지게 할 수는 없어요. 어쩔 수 없이 빚이라도 내어서 과외를 시킬 수밖에 없지 않습니까?"

　"우리는 살던 집도 팔아서 지금 전세를 살고 있어요. 모두 아이들 장래를 위해서 그렇게 했어요. 아이들 과외도 시키고 능력이 보이면 외국유학도 시킬 셈이에요. 가능하면 애들 교육을 위해서 이민도 생각하고 있습니다. 한국에서는 제아무리 교육개혁을 한다고 해도 중고등학교 교육이 입시 위주여서 아이들의 참다운 적성개발이 힘들 것 같아요. 아무리 돈이 들더라도 아이들이 능력을 마음껏 발휘할 수 있는 교육을 하는 외국에서 아이들을 키우고 싶어요."

만일 교육에 대한 우리들의 의식이 근본적으로 바뀌고 아울러 교육제도도 혁신적으로 변화한다면 고액과외는 물론이고 조기유학 바람도 잠잠해질 것이다.

도대체 인간은 왜 사는 것일까? 이 물음에 대해서 우리들은 수없이 많은 답을 제시할 수 있다. 인간은 무엇을 하면서 사는가라고 물으면 우리는 쉽사리 답할 수 있다. 사람은 누구나 놀기도 하고, 일하기도 하며, 타인과 대화하기도 하고, 결혼해서 아이 낳고 …… 그렇게 살아간다. 인간은 어떻게 사는가라고 물으면, 이 물음에 대한 답도 그다지 어렵지 않다. 어떤 사람은 적당히 하루하루를 보내는가 하면 또 어떤 사람은 뚜렷한 인생관을 가지고 철저하게 살아간다. 그렇지만 저녁 식탁에서 나이 드신 부모님에게 아들이 "어머니는 왜 살지요?"라고 묻는다면 어머니는 말문이 막힐 것이다.

인간은 짐승이 아닌 한 행복을 추구한다. 인간은 자기성찰에 의한 행복을 추구하기 위해서 산다. 인간의 본성을 깊이 성찰해 볼 때 우리는 인간의 본성이야말로 평등하다는 것을 알 수 있다. 남자와 여자는 생긴 것이 서로 다른데 왜 평등할까? 남자와 여자는 모두 '인

간'이기 때문에 서로 평등하다. 마찬가지로 부자와 가난한 사람도
'인간'이라는 점에서 평등하며, 권력을 가진 자와 못 가진 자도 인간
이라는 점에서 평등하다. 천체를 포함한 거대한 우주가 대우주라고
할 것 같으면 인간 각자는 누구나 개성과 인격을 소유한 소우주이
다.

## 윤리적 가치로서의 평등

어떤 사람은 인간도 동물이기 때문에 평등은 단지 말에 지나지 않
고 인간사회의 특징은 불평등이라고 주장한다.

"사자나 원숭이도 분명히 사회를 이루어서 살고 있어요. 힘 센 놈이 무
리를 지배하고 먹는 것도 제일 먼저 먹지 않습니까? 인간사회도 동물
사회에 지나지 않아요. 그저 말만 그럴 듯하게 정의니 평등이니 외쳐대
지만 실은 누구나 다 자신이 지배하고 힘을 가지기를 원하지 않습니
까? 돈 많이 벌고 높은 자리에 앉아서 권력을 행사하려는 욕망은 본능
적인 것이에요. 인간은 평등하다고 주장하면서 사회불평등을 타파하려
고 하는 노력은 모두 부질없는 짓이에요. 그렇게 하려는 사람들 자신이
결국 돈과 권력을 추구하게 되는 것이 현실이에요."

사실 인간이 이성적(합리적)으로 생각할 줄 모르는 존재라면 인간
은 오로지 본능에 따라서 이기적 욕망만을 충족시키려고 할 것이다.

238

그렇지만 인간의 문화와 역사를 돌이켜 보면 그것은 바로 자유와 정의를 획득하기 위한 피나는 노력의 발자취였음이 분명하다.

예컨대 남존여비사상은 오래 전부터 동서양 모두에 공통된 것이었다. 옛날 동양이나 서양에서 여성은 오직 출산 도구의 역할에 지나지 않았다. 서양에서는 전쟁에 이기기 위해서 여성이 아들들을 많이 출산하지 않으면 안 되었다. 동양에서는 힘든 농사일을 하기 위해서 역시 여성이 아들들을 많이 출산하여야만 했다. 그렇지만 지금은 어떤가? 이제 우리들은 남자와 여자는 생리적인 신체구조의 차이만 다를 뿐 인간이라는 점에서는 똑같다는 사실을 인정하지 않을 수 없다. 임신의 경우 여성이 임신하지만 임신의 원인과 결과 그리고 책임과 의무 모두를 놓고 보면 여성과 남성이 함께 임신하고 출산한다고 생각하지 않을 수 없다.

인간은 본래부터 평등하므로 누구에게나 교육, 의료, 직업, 취미, 정치적 활동, 사회 참여, 사유재산 등에 대한 기회 등이 보장될 때 비로소 사회평등이 실현될 수 있다. 사회정의는 다름 아닌 분배의 정의이다. 모든 것이 가능한 한 고르게 사회구성원들에게 분배될 때 정의로운 사회가 가능하다. 사회의 불평등을 극복하기 위해서 지금 우리들에게 시급한 것은 공동체 의식과 분배의 정의이다.

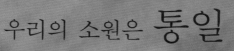

우리의 소원은 **통일**

# 세계화의 올바른 이해

## 미국유학과 선진화

일찍이 프랑스의 실증주의 철학자 콩트(Auguste Comte, 1798~1857)는 사회의 발전단계를 세 가지로 나누어 보았다. 첫번째 단계는 14세기까지의 신학적 단계이다. 이 단계의 특징은 신화에 있으며 이 단계에서 사회를 지배한 사람들은 신부들(신학자들)이다. 두 번째 단계는 형이상학적 단계로 이 단계는 17세기까지 계속되었다. 이 단계의 특징은 법학과 철학이고 사회를 지배한 사람들은 법률가와 철학자이다. 그러나 콩트는 17세기 이후의 단계를 자연과학적 지식이 뒷받침하는 실증적 단계로 본다.

이 단계에서 인간은 무생물, 생물 및 인간을 참다운 자연과학적 지식에 의해서 파악하기 때문에 가장 바람직한 사회를 형성할 수 있다. 이 단계의 특징은 과학적 실증주의이며 사회를 지배하는 사람들은 과학자와 산업가이다.

콩트의 이러한 주장은 현재 우리들이 살고 있는 사회의 모습을 매우 적절하게 예견하고 있는 것처럼 보인다. 왜냐하면 현대사회의 특징은 자연과학을 바탕으로 삼는 정보와 기술에 있기 때문이다. 우리들 주변의 많은 도구(기계)는 자연과 가까운 아날로그방식으로부터 디지털방식으로 바뀌어 가고 있다. 현대문명을 디지털문명이라고 해도 과언이 아니다.

우리들 현대인은 우선 살아 남기 위해서 그리고 다음으로 타인과의 경쟁에서 이기기 위해서 디지털문명에 친숙하지 않으면 안 되는 운명에 처하여 있다. 초등학생만 되면 컴퓨터와 영어를 가까이 하지 말라고 해도 어쩔 수 없이 컴퓨터와 영어를 접할 수밖에 없다.

"얘, 동수야, 너는 학교에 갔다 오면 왜 종일토록 아빠 컴퓨터를 가지고 게임만 하니? 그렇게 오랫동안 컴퓨터를 바라보면 눈도 나빠지고 건강도 나빠진단다. 친구들과 놀기도 하고 동화책도 읽으렴!"

아이들은 엄마의 충고에는 귀도 기울이지 않고 자신의 일에 몰두하기 일쑤다.

"엄마는 선진화, 국제화도 모르세요? 제 나이에 컴퓨터 못하는 아이들 보셨어요? 게임부터 열심히 해야 다른 아이들보다 더 훌륭하게 그리고 빨리 컴퓨터를 잘할 수 있어요. 컴퓨터를 얼마나 잘 다루는가에 따라서 선진화에 앞장 설 수 있다는 것은 요새 아이들에게는 상식이에요."

"동수야, 선진화니 국제화니 다 좋지만 나는 무식한 컴맹이라 네가 하는 애기를 알 수 없어. 하지만 네 눈과 건강을 생각해서 제발 컴퓨터를 조금씩만 하렴."

동수와 엄마의 대화에서 동수가 주장하는 것처럼 현재 우리들 주변의 많은 사람들은 첨단기술을 익히는 것이 선진화의 지름길이라고 생각하고 있다. 요사이 부쩍 미국 유학의 붐이 일어나고 있는 것 역시 선진화 및 세계화와 직접적인 연관성을 가지고 있다.

중학생 자녀를 미국에 유학 보내려고 하는 어느 학부형의 말을 들어보자.

"제가 우리 아이를 미국에 유학 보내려는 이유들은 분명합니다. 이미 초등학교 때 미국에 조기유학 가는 아이들도 꽤 많습니다. 우선 여기에선 아이들이 자기가 원하는 것을 배울 수가 없어요. 입시 위주의 교육 환경에서는 아이들 각자가 자신의 능력을 최대한 발휘할 수 없습니다. 어릴 때부터 세계 언어인 영어를 자유롭게 사용할 줄 모르고 게다가 첨단기술에 접하지 못한다면 자연히 세계화에 뒤질 수밖에 없어요.
다음으로 우리 나라를 선진화시키는 데 앞장서기 위해서도 일찌감치 미국에 가서 직접 최첨단의 교육을 받는 것이 필요하기 때문에 저는 좀 늦긴 했어도 중학생인 아들을 미국에 유학 보내기로 결심했습니다. 또 마지막으로 한국의 치열한 경쟁사회에서 살아 남고 남보다 앞서기 위해서도 선진국의 교육을 받아야만 하겠기에 아들을 미국에 유학시키려고 하는 것입니다."

이제 우리들은 이와 같은 이야기를 대할 때 세계화나 선진화에 대한 우리들의 기본적인 사고방식을 정리하여야만 하는 시점에 와 있다. 왜냐하면 우리들 대부분이 생각하고 있는 세계화나 선진화는 다분히 편파적 성격을 가지고 있는 것이 명백하기 때문이다.

## 무엇이 세계화이고 선진화인가?

우선 선진화부터 살펴보기로 하자. 간단히 말해서 선진화는 정신적인 면과 아울러 물질적인 면 모두를 선진국화 한다는 뜻을 가진다.

그렇지만 우리들은 자칫하면 최첨단 기계 문명화만을 선진화라고 생각하기 쉽다. 요사이 젊은이들은 정보와 기술의 산업이야말로 돈을 버는 지름길이라고 여긴다. 이것은 사실이다. 심지어 어떤 청소년은 다음처럼 말한다.

"저는 절대로 법을 어기지 않고 어떻게 해서든 돈을 벌 겁니다. 이 세상에 돈 가지고 안 되는 것이 무엇이 있습니까? 돈만 있으면 하고 싶은 것을 모두 할 수 있습니다. 그러니까 저는 수단과 방법을 가리지 않고 돈을 벌겠다는 것입니다."

돈을 비롯해서 물질문명의 최첨단 기계들은 어디까지나 인간이 사용할 수 있는 수단에 지나지 않는다. 결국 목적은 인간다운 인간

곧 인간의 인격이고 나머지 것들은 주체적 인간성을 완성하기 위한 수단이나 방편들이다. 우리들은 성경에 나오는 다음과 같은 말들을 깊이 음미해 볼 필요가 있다. "부자가 천국에 들어가는 것은 낙타가 바늘구멍으로 들어가는 것보다 더 어렵다." "새나 뱀도 먹을 걱정을 하지 않고 밤이 되면 잘 곳을 걱정하지 않는데 사람은 먹고 잘 것을 걱정한다."

소위 선진국이라는 나라들은 우선 튼튼한 정신적 바탕을 토대 삼아 그 위에 첨단 물질문명을 이룩한 나라들이다. 따라서 선진화란 선진국이 되기 위해서 노력함으로써 결국 선진국의 대열에 끼는 것을 뜻하기 때문에 단지 첨단 물질문명의 수준만을 성취하려고 해서는 결코 선진화의 참다운 의미를 찾을 수 없다.

다음으로 세계화의 뜻을 살펴보기로 하자. 우리들은 흔히 선진화와 함께 세계화라는 말을 쓴다. 세계화는 비록 선진화를 동반하기는 해도 선진화보다 더 의미가 넓으며 그렇기 때문에 우리들은 세계화가 정확히 무엇을 의미하는지 제대로 파악하기 힘들다.

세계화와 연관해서 다음과 같은 표현들을 자주 접할 수 있다.


"나는 중학교 때 벌써 용감하게 한달 동안 유럽 배낭여행을 다녀왔습니다. 유럽의 선진국 사람들이 사는 모습을 직접 체험하고 나니까 왜 우리들이 세계화를 위해서 애써야 하는지 이해가 갑니다."


"나는 인터넷을 통해서 지구 곳곳의 사정을 생생하게 접하게 되었습니다. 지금까지 나는 우물 안 개구리였습니다. 세계 곳곳의 다양한 사람들과 정보를 교환하며 서로 의사소통 하는 일이야말로 세계화의 첫걸음이 아니겠습니까?"

위의 말들을 통해서도 아직 세계화의 명확한 의미는 제대로 드러나지 않고 있다. 세계화(글로벌라이제이션: Globalization)는 공이나 둥근 물체, 지구, 세계 또는 천체를 뜻하는 글로브(Globe)로부터 생긴 말이다. 일단 세계화는 인류 전체가 세계에 관여한다는 뜻을 가지고, 나아가서 세계를 통일적인 규모로 만든다는 의미도 가지며, 세계 전체를 통일된 정책으로 관리한다는 뜻도 지닌다.

우리들 인간이 세계에 관여하고 세계를 통일적인 규모로 만들 때 주로 사용되는 기준이 선진화이기 때문에 우리들은 선진화와 세계화를 흔히 함께 사용한다. 특정 지역의 빈곤을 퇴치하고, 인권을 보장하며, 독재를 추방하고, 인류의 평등과 평화 및 정의를 실현하기 위해서 세계화는 반드시 필요하다. 그렇지만 만일 세계화가 오직 선진국들만의 주장에 의해서 선진국들을 위한 이익수단으로만 사용된다면 그와 같은 세계화는 참다운 인간평등을 저버리고 오히려 평화와 정의에 어긋날 위험이 있다.

## 비정부기구의 반세계화 주장

관념론을 대변한 독일 철학자 헤겔(1770~1831)에 의하면 역사의 이념은 다름 아닌 자유이다. 헤겔은 왜 인류의 역사가 진행되는가를 묻고 역사가 진행되는 근본적인 이유가 자유에 있다고 답한다. 그리하여 그는 인류역사를 자유를 쟁취하기 위한 투쟁의 과정이라고 말한다.

우리들은 오늘날 언론을 통해서 또는 인터넷을 통해서 세계화를 표어로 내어 걸고 매년 수없이 많은 국제회의가 지구상의 곳곳에서 개최되고 있다는 사실을 접한다. 일반적으로 세계화를 외치는 국제대회는 주로 소위 강대국들이나 선진국들이 주도하고 개발도상국가들이나 후진국들도 참여한다.

세계화를 내어 건 국제대회는 주로 식량문제, 인구문제, 무기감축문제, 공해문제, 보건문제 등을 취급하여 가능한 한 중요한 문제를 세계적 규모로 통일하려고 한다.

그렇지만 강대국 내지 선진국이 주도하는 세계화 전략은 현실적으로 강대국이나 선진국의 이익만을 위하고 개발도상국가나 후진국의 정치, 경제, 문화, 사회 등 모든 측면을 더 악화시킬 우려가 많다.

예컨대 강대국은 무역거래의 평등을 주장하면서 후진국이 팔아먹은 액수만큼을 강대국으로부터 사야한다고 요구한다. 그러면서 강대국은 후진국에게 최첨단 무기를 비롯해서 유전자 조작 식품 등을 팔아먹는다. 이러한 이유 때문에 오늘날 지구상의 수많은 비정부기구(NGO: Non-Goverment-Organization)는 세계화를 반대한다. 우리들은 세계화를 외치는 국제대회에서 반세계화를 부르짖는 비정부기구들의 격렬한 시위에 관해서 자주 이야기를 들을 수 있다.

우리의 가까운 주변에도 비정부기구들이 많다. 환경연합을 비롯해서 여러 가지 시민연대들은 정부로부터 독립해서 시민들이 만든 단체이다. 이 단체들은 정부기구가 잘못하는 것을 감시하고 지적함으로써 시민을 위한 정치나 행정의 열린 것을 뚫어 놓으려고 한다.


## 세계화의 부정적 측면과 긍정적 측면

미국에 조기유학을 간다고 해서 모두 선진화와 세계화의 역군이 되는 것은 아니다. 어린 나이에 유학 가서 적응하지 못하고 공부는 뒷전으로 밀어 놓은 채 방황하는 학생들도 꽤 있다. 심한 경우에는 오렌지족이 되어 황금보다 귀중한 젊은 날을 방탕하게 보내는 청소년들도 있다.

정보, 기술(IT: Infomation, Technology)에 익숙하고 디지털 기기를 매우 잘 다룬다고 해서 선진화의 대열에 끼었다고 말하기도 힘들다. 인간다운 정신적 자세 곧 주체적 인격을 갖추면서 정보와 기술에 익숙할 때 비로소 선진화와 국제화의 대열에 낄 수 있다는 것은 너무나도 명백한 사실이다.

이상과 같은 맥락에서 정부기구들에 의한 세계화는 자기들만의 주장을 밀고 나갈 때 일반 시민들의 목소리를 무시하기 쉽다. 그런가 하면 비정부기구들은 정부기구들의 행정을 극단적으로 비판함으로써 마찬가지로 시민들의 참다운 소망을 외면하기 쉽다.

독일의 철학자이자 사회학자인 하버마스(Jürgen Habermas)는 열린 사회의 실현이 의사소통에 의해서 가능하다고 보았으며, 현대 프랑스철학의 대표적 흐름인 포스트 모더니즘의 철학자들은 열린 사회가 담론에 의해서 가능하다고 본다. 문을 꼭꼭 닫아 놓고 어느 한쪽에서만 세계화를 주장한다면 그러한 세계화는 특정 집단만을 위한 것이므로 부정적이다. 그러므로 각 개인은 물론이고 각 집단사회 그리고 각 국가들이 문을 활짝 열어 놓고 인내심 곁들인 의사소통에 의해서 수많은 문제들을 해결하려고 할 때 비로소 세계화는 물론이요, 선진화의 참다운 의미가 생명력을 얻을 수 있다.

## 민족의 주체성과 세계화

최근 우리들은 개인의 선진화와 세계화도 이야기 하지만 주로 국가의 선진화와 세계화에 관해서 관심이 많다.

한 개인은 물론이고 한 국가가 선진화 및 세계화하기 위해서는 반드시 민족 또는 국가의 주체성이 밑바탕에 깔려있지 않으면 안 된다. 제아무리 최첨단 과학문명이 발달하고 국제정치에서 힘이 있다고 할지라도 한 국가가 문화적·역사적·정신적 주체성이 없다면 그러한 국가는 언제 무너질지 모르는 모래성에 불과하다. 한 개인도 마찬가지이다. 한 개인이 인격 주체일 때 비로소 선진화와 국제화가 진정한 생명력을 가질 수 있다.

# 정보화시대와 사람다운 삶

## 정보화의 정체

우리들은 현대를 일컬어 기술·정보의 시대라고 말한다. 지금은 과거 어느 때보다 과학기술이 발달하였으며 정보를 처리하는 속도는 더 말할 수 없이 빨라진 것이 사실이다.

중학교에 다니는 아들과 아버지의 다음과 같은 대화를 들어보면 오늘날 기술과 정보가 얼마만큼 우리의 생활에서 중요한지 엿볼 수 있다.

"대성아, 너는 중학생인데 알면 얼마나 안다고 밤낮 그렇게 컴퓨터 앞에 앉아 있니?"

"아버지, 정말 고맙습니다. 아버지도 다 알면서 왜 그러세요?"

"하긴 네가 신통하고 대견하기도 하다. 인터넷을 통해서 네가 엄마에게 물건값도 다 알려 주고 또 디지털 카메라로 가족들 사진도 멋있게 찍

어서 프린트하다니 난 그저 놀랄 뿐이야."

"아버지도 좀 배워 보세요. 인터넷만 조금 알면 이 세상의 무궁무진한 정보를 모두 다 접할 수 있어요. 저는 공부 자료도 모두 인터넷을 통해서 수집하고 있는 걸요."

"내 직업이야 공사현장을 늘 감독하는 일이니 컴퓨터를 배울 시간이 없어. 너나 내 몫까지 다 하렴."

"조금만 시간을 내면 다 배울 수 있어요. 지금 지구 곳곳에 일어나는 정치, 경제, 사회, 문화 등 모든 것에 대한 정보를 가장 빨리 얻을 수 있어요. 어디 그뿐인가요? 원하는 물건은 무엇이든지 가장 싸고 빠르게 인터넷을 통해서 구할 수 있어요. 게다가 홈페이지도 만들어서 사람들에게 필요한 것을 한 눈에 알릴 수도 있어요. 애니메이션도 쉽게 만들 수 있고요. 기계나 집 설계도 멋있게 할 수 있어요."

"얘, 그만해라. 네 얘기 다 듣다가는 날 새는 줄 모르겠다. 그렇지만 앉는 자세를 조심하고 너무 오래 컴퓨터에 열중하지 말아라. 시력도 나빠지고 건강을 해치기 쉽잖니? 또 폭력·음란·자살 사이트라는 것이 있다던데 그것도 조심해야지."

위의 대화에서 알 수 있는 것처럼 현대인의 삶을 전적으로 지배하고 있는 것은 다른 어떤 것도 아니고 바로 기술과 정보이다. 20세기에 들어와서 과학기술은 가히 놀랄만하게 빠른 속도로 발달하여 왔다.

20세기 후반부터 1년에 이루어지는 과학기술의 발달은 그 이전 세대의 50년에 이루어진 과학기술의 발달을 능가한다고 한다.

과학기술의 발달은 인간의 삶을 윤택하게 하려는 궁극적 목적을 가진다. 인류역사를 되돌아보면 인간은 오래 전에 불을 발명한 후 매우 장기간에 걸쳐서 기계문명을 발전시켜 왔다. 그러나 최근 인간은 기계문명과는 차원이 또 다른 디지털문명을 성취하기에 이르렀다.

　제아무리 컴맹이라도 인터넷을 이용할 경우 얼마나 많은 정보를 얼마나 빠른 시간에 간단히 처리할 수 있는지는 누구나 다 알고 있다. 컴퓨터 칩과 광케이블이 고도로 발달한 결과 현재의 디지털문명은 현실을 사이버공간으로 옮겨놓았기 때문에 사람들은 자기가 원하는 대로 사이버 공간을 주무를 수 있게 되었다.

　오늘날의 기술 · 정보를 특징짓는 말은 디지털문명이다. 디지털문명은 다음과 같은 몇 가지 놀랄만한 업적을 인간에게 가져다 주었다. 우선 게놈(Genom)지도의 완성을 말할 수 있다. 게놈은 낱낱의 생물체가 가진 염색체의 한 조(組)인데 체세포에는 둘, 생식세포에는 하나의 게놈이 들어있다. 게놈은 생물을 존재할 수 있게 하는 가장 기본적인 단위이다. 게놈지도가 완성되면 인간은 질병퇴치와 수명연장을 뜻대로 조종할 수 있게 된다. 다음으로 디지털문명은 가장 쾌적한 최첨단의 비행기, 선박, 자동차 등 운송수단을 제작할 수 있다. 세번째로 디지털문명은 우리들로 하여금 가장 많은 양의 정보를 가장 짧은 시간에 처리할 수 있게 해준다. 앞으로는 홍수와 가뭄을 대비할 수 있으며 더 나아가서 인구와 식량문제도 쉽게 해결할 수 있을 것이다. 마지막으로 디지털문명은 인터넷을 통해서 인간의 지식욕을 최대한으로 충족시켜 줄 수 있다.

그렇지만 우리들은 다음과 같은 몇 가지 물음을 제기하지 않을 수 없다. 첫째, 정보화가 완전히 이루어지면 인간은 모두 행복할 수 있을 것인가? 둘째, 정보화에 의해서 과연 지구상의 빈부의 격차가 사라지고 전쟁의 위험도 소멸될 것인가? 셋째, 특정한 지배계층이 정보통신에 관한 모든 권력을 독점함으로써 대부분의 인간을 노예처럼 통제하는 일이 벌어지지 않을 것인가? 넷째, 정보통신의 익명성이 널리 퍼짐으로써 인간의 이기주의가 발동하여 온갖 혼란이 사회에 난무할 우려는 과연 없는 것일까? 다섯째, 과연 우리들은 디지털문명을 통해서 인간다운 인간성(인격)을 얼마만큼 완성할 수 있을 것인가?

## 디지털문명과 무한경쟁

근대 영국의 경험론 철학자 홉즈(Thomas Hobbes, 1588~1679)는 "인간은 인간에게 대해서 늑대이다"라고 말하면서 자연적인 삶의 상태를 "모든 사람들에게 대한 모든 사람들의 투쟁"으로 보았다. 우리들이 오로지 디지털문명만을 생각하면 인류의 미래는 화려한 장미빛으로 물들어 있는 것처럼 보인다.

그렇지만 구체적인 현실을 냉정하게 바라볼 것 같으면 국가와 국가 그리고 민족과 민족 및 개인과 개인은 모두 무한경쟁의 거대한 물살에 휩쓸리면서 생존을 위해서 발버둥치고 있다.

아이들은 유치원에 들어가면서부터 컴퓨터와 영어를 남보다 잘하기 위해서 무한경쟁의 물살에 뛰어들면서 자신이 왜 그리고 어디로 가는지도 모르고 앞으로 마구 달려간다.

지금은 대부분의 사람들이 원하기만 하면 인터넷을 이용할 수 있다. 우리들은 신문이나 방송을 통해서 중요한 정보를 못쓰게 만드는 컴퓨터 바이러스라든가 회사, 공공기관의 정보를 훔치는 해커에 관해서 자주 읽거나 들을 수 있다. 고도의 정보통신기술을 이용해서 공공기관의 정보망을 마비시키거나 아니면 잘못된 정보통신기술에 의해서 핵무기라도 발사된다면 엄청난 재앙이 인류에게 닥칠 것이다.

오늘날 정보화시대에서 사람다움은 뒷전으로 밀리고 오직 정보화만 강조되는 인상이 짙다. 우리들이 명심하여야 할 것은 디지털문명시대의 정보와 기술은 결코 삶의 목적이 아니라 어디까지나 수단이라는 사실이다. 삶의 목적은 사람다운 사람이며, 정보와 기술은 사람다운 사람이라는 인격체를 성취하기 위한 수단에 지나지 않는다.


## 정보화의 장점과 단점

다음과 같은 두 친구의 대화를 통해서 우리들이 알 수 있는 것은 과연 무엇일까?

"대성아, 네 별명이 제아무리 컴도사라고 해도 너는 공부가 뛰어난 것
도 아니고 그렇다고 음악이나 미술에서 특별한 재능을 보이는 것도 아

니잖아. 너는 왜 그렇게 인터넷에 열을 올리고 있니?"

"종석아, 너는 컴퓨터로 인터넷에만 들어갈 수 있다고 생각하는 것부터가 잘못이야. 나는 간단한 도구설계도 할 수 있고 책을 편집하고 홈페이지도 만들 수 있어."

"그래서 두꺼운 안경을 쓰고 허리가 아파서 자주 한의원에 가서 침을 맞는구나!"

"국가의 경쟁력을 높이는 데 도움이 되기 위해서는 그런 것쯤은 얼마든지 참을 수 있어. 종석이 너는 내가 우리 학습에서 필요한 통계를 모두 작성한다는 사실을 모르는구나? 우리 학급이 전교 컴퓨터 경진대회에서 대상을 받은 것도 다 내가 앞장서서 아이들을 도와 주었기 때문이야."

"대상을 받았으면 다니? 너는 컴도사지만 너 자신도 잘 알 듯이 성격이 이기주의적이고 툭하면 잘난 척하고 다른 아이들을 진심으로 도와줄 줄도 모르지 않니?"

"종석아, 너 지금 무슨 소리하는 거니? 지금 우리의 주제는 넓게 보아 디지털문명이다. 디지털문명이 가져다 주는 고도의 정보통신기술은 앞으로 인류의 모든 문제점들을 차근차근 다 해결해줄 수 있다고 나는 확신하고 있어."

"너는 디지털문명 맹신주의자이며 독단주의자야. 나는 자연주의자야. 인간은 다른 사람들처럼 자연 상태에서 살아야만 공해도 일으키지 않고 생태계도 파괴하지 않으면서 평화롭게 행복하게 살 수 있다고 믿어. 영화에 나오는 기계투성이의 미래사회가 살만한 세상이라고 생각하니? 자연 상태에서 열심히 살다가 죽는 것이 가장 바람직한 삶이야."

"종석아, 너하고는 말이 안 통한다. 지금 이 상태에서 우리가 어떻게 자연으로 돌아갈 수 있단 말이니? 최선의 방법은 디지털문명을 최대한으로 활용해서 인류의 불행을 제거하고 예방하는 것이야."

중학교에 다니는 두 친구의 이상과 같은 대화에서 우리들은 소위 '정보화'의 장점과 단점을 엿볼 수 있다. 디지털문명이 가져온 정보화의 장점과 단점은 우리들이 분명히 지적할 수 있다. 정보화는 노동(작업)의 효율을 최대한도로 높여 줌으로써 사회의 생산과 공급을 원만하게 조절할 수 있다. 정보화는 인간이 필요로 하는 지식과 정보를 단시간 내에 교환할 수 있게 해준다. 정보화는 세계를 시간·공간적으로 좁힘으로써 지역적인 정치, 사회, 경제, 문화의 격차를 줄일 수 있다. 정보화는 인구와 식량을 조절하고 자연재해와 질병을 예방함으로써 인간의 건강을 증진할 수 있다.

그러나 낮이 있으면 밤이 있듯이 정보화도 장점이 있는가 하면 그에 못지 않은 단점이 있다. 국가, 사회집단 또는 개인에게 있어서의 빈부격차는 엄연히 존재한다. 빈부격차에 대응해서 정보화의 격차도 분명히 존재하는 것이 현실이다.

현대사회에서는 육체적 힘이나 군사무기 또는 돈이 무기라기보다 오히려 정보와 기술이 무기이다. 누가 더 우수한 정보·기술을 소유하고 있는가에 따라서 지배자와 피지배자가 결정된다. 정보화의 격차에 따라서 인간의 격차가 심해져서 지배계층과 노예계층이 생긴다면 정보화는 원래 인간이 원했던 방향과는 정반대의 부정적인 불행한 결과를 초래하는 셈이다.

정보화가 인간을 통제하고 더 나아가서 개인정보를 마구 누출하며 통신의 익명성을 이용해서 사람들을 무조건 모함하고 비방한다면 정보화는 긍정적이기보다 오히려 훨씬 더 우리의 삶에 부정적일 것이다.


## 폭력·음란·자살 사이트

현재 추세대로 간다면 우리들 대부분은 멀지 않은 장래에 현실보다 사이버공간에서 삶을 영위할 가능성이 크다. 생활필수품은 인터넷에서 전자상거래로 구입할 것이고, 휴대전화기의 동영상(動映像)을 보면서 멀리 있는 친구와 대화할 것이고, 공부는 거의 화상을 통해서 할 수 있을 것이며…… 어쨌든 필요로 하는 모든 것을 사이버공간을 통해서 해결하게 될 것이다.

그런데 망치나 칼이 꼭 필요한 곳에 쓰이면 매우 유용한 도구지만 그것들이 잘못 사용되면 흉기로 둔갑한다. 디지털문명의 사이버공간도 마찬가지이다. 우리가 꼭 필요한 것을 사이버공간을 통해서 얻을 수 있다면 사이버공간이야말로 가장 유용한 정보통신의 장소이다.

그러나 요즘 소수의 청소년들이 폭력, 음란, 자살 사이트를 통해서 어처구니없게도 비극적인 행동을 저지른다면 그와 같은 사이트의 정보통신은 처음부터 없는 것보다 못하다.

다시 한 번 우리들 모두가 명심하여야 할 것은 디지털문명의 사이버공간과 그 공간을 통해서 작용하는 정보통신이 사람다운 삶을 위한 수단이지 목적 자체는 결코 아니라는 사실이다.

## 정보화시대와 열린 사회

정보화는 세계를 시간·공간적으로 좁혀 줄 뿐만 아니라 질병·식량난·자연재해 등을 해결할 수 있는 방책을 제시한다. 그러나 또 한편 정보화는 정보격차로 인해서 지배계급과 피지배계급의 격차를 증대시킬 수 있고, 정보통신의 익명성으로 인해 개인에게 치명적인 피해를 입힐 수 있으며, 개인정보의 누출로 인해서 개인의 인격을 해칠 수 있다.

이제 우리들 각자는 모두 힘을 합쳐서 과연 바람직한 삶은 무엇이며 그러한 삶을 위해서 정보화를 어떻게 조절할 수 있는가를 심각하게 생각하고 서로 대화하지 않으면 안 된다. 사람들이 함께 어울려 사는 공동체 곧 열린 사회를 목적으로 삼지않는 정보화는 인간을 단지 기계의 부속품으로 전락시키고 말 것이다.

# 우리의 소원은 통일

## 왜 통일을 하여야만 하는가?

우리들 모두는 하루하루를 매우 바쁘게 살아가고 있다. 왜 바쁜지도 모르고 바쁘게 살아가고 있는 것은 이 사회가 산업사회이자 대중사회이기 때문이다.

대중은 '생각하는 존재'로서의 나를 그냥 내버려두지 않고 마치 도도히 흐르는 강물처럼 우리들 각자를 대중이 흐르는 방향으로 휩쓸고 간다. 그렇지만 지금 이 땅에서 오늘을 살아가고 있는 우리들은 잠시라도 멈추어 서서 한반도의 통일에 대해서 현실을 직시하고 생각을 정리하지 않으면 안 된다. 막상 한반도의 통일에 대해서 이야기하기 시작하면 사람들은 저마다 확신에 찬 주장을 펼친다.

"우리 나라의 통일에 대해서는 아무런 조건도 필요 없어요. 같은 핏줄끼리 통일하는 데 무슨 조건이 필요하단 말입니까?"

"통일에 대해 어떤 조건도 필요 없다는 말에는 일단 동의합니다. 그렇지만 남한이나 북한이 모두 통일에 대해서 과연 현실적으로 아무런 조건도 달지 않고 무조건 통일에 합의할 수 있다고 봅니까?"

"어떤 조건도 내걸지 않고 갈라진 민족과 땅이 무조건 통일하도록 남과 북이 서로 최대한으로 노력해야지요."

"그것 보세요. 남과 북이 통일을 위해서 최대한으로 노력하여야 한다는 것 자체가 벌써 하나의 조건이 아니겠습니까? 그리고 또 최대한의 노력이라고 할 때 그 노력 또한 엄청나게 많은 여러 가지 조건을 가지지 않을 수 없습니다."

이상의 대화는 어떻게 통일을 성취할 수 있는가에 대한 통일방법론의 문제를 언급하고 있다. 통일방법론에 대한 좀더 상세한 대화를 엿보기로 하자.

"한반도 통일의 유일한 방법은 독일의 통일을 본받는 것입니다. 서독이 경제적으로 부유하게 되어 동독을 흡수하여 통일한 것처럼 남한이 경제력을 키워 북한을 흡수하는 것이 한반도 통일의 최선의 방책이에요."

"그건 말이 안 되지요. 지금 남한의 경제 사정도 매우 좋지 않은데 어느 세월에 경제력을 키워서 북한을 흡수 통일 한다는 말입니까?"

지금처럼 경제, 문화, 사회, 정치 등 다양한 분야에서 끈질기게 접촉하면서 서로 협력하고 대화하다 보면 적지 않은 사람들은 마음속에 진한 동포애의 감정을 느끼면서 통일이 곧 다가올지도 모른다는 생각까지 가질 수 있다.

우리 모두는 한반도가 통일되어야만 한다고 생각하고 있으며 통일문제가 대화의 중심으로 떠오르면 누구나 한마디씩 자기의 주장을 전개한다. 무엇보다도 우리들은 통일방법론을 놓고 서로 다양한 입장을 제시하며 격렬하게 토론하기 일쑤이다.

그렇지만 왜 통일을 하여야만 하는가 다시 말해서 통일의 당위성에 대해서 남북한의 구성원들 모두가 명백한 의식을 가지고 있다면 한반도의 통일이 그렇게 어렵지만은 않을 것이다.

나는 1970년대 오랜 기간 독일에서 유학생활을 하면서 독일의 시민권을 얻어서 그곳에서 생활하는 한국인 가족들과, 독일 사람과 결혼해서 사는 간호원들을 접할 수 있었다. 그들은 한결같이 물위에 뜬 기름과도 같은 느낌을 주었다. 그들은 항상 고향을 그리워하면서 한국 유학생들을 만나면 친척이라도 만난 듯 반가워하였다. 나는 결국 왜 핏줄끼리 같이 살아야 하는지를 절실히 느낄 수 있었다. 나는 혼자 지껄였다.

'쥐가 제아무리 고양이나 토끼와 친하게 지낼 수 있다고 할지라도 쥐는 어디까지나 쥐들끼리 지내야 쥐다운 쥐가 될 수 있는 법이야.'

사실 같은 민족끼리 갈라져서 살아서는 안 된다는 것은 이산가족의 상봉장면이 너무나도 명백하게 증명하여 준다. 그렇게도 오랜 세월 떨어져서 살아야 했던 어머니와 자식, 자매, 형제들이 서로 만나는 순간 몸부림치면서 눈물을 펑펑 흘리는 것을 보면 같은 민족이 분단되어 살아서는 안 된다는 것을 절실하게 느낄 수 있다.

서독이 통일을 준비하면서 경제력을 키우고 동독과 정치, 경제, 사회, 문화 등 다방면에 걸쳐 끈질기게 접촉한 점은 우리들이 충분히 본받아야 할 것이다.

그러나 서독과 동독은 세계 2차대전을 일으킨 독일의 책임 때문에 연합국에 의해서 분리되었고, 서독과 동독은 민족 전쟁을 겪지 않았다. 그러나 한국은 세계 2차대전의 발발에 아무런 책임이 없는데도 불구하고 미국과 소련에 의해 남과 북으로 갈라지고 말았다. 참으로 비극적인 것은 남한과 북한이 소위 공산주의와 자본주의라는 냉전 이데올로기에 휩쓸려서 같은 민족끼리 서로 죽이는 6·25전쟁을 치러야만 했다는 역사적 사실이다.

1980년대 말 동유럽와 옛 소련의 공산주의 체제가 도미노현상처럼 붕괴됨과 동시에 동독도 무너지면서 서독에 흡수 통일 되었다. 그러나 현재 북한은 지구상 몇 안되는 사회주의 국가이고, 북한에 가장 영향력이 큰 중국은 똑같이 비중을 두면서 남한과 북한을 대하고 있다. 서독은 동독과의 통일을 오래 전부터 치밀하게 준비하면서 막강한 경제력을 키워 왔다. 실상 동서독 통일 후 독일 정부는 가히 천문학적 예산을 쏟아 옛 동독지역의 재건과 부흥에 온갖 힘을 기울이고 있다.

물론 우리들은 동서독의 통일을 거울삼지 않으면 안 된다. 그렇지만 동서독의 통일과 한반도에 있어서 남북한의 통일은 그 상황이나 조건에서 차이가 많을 수밖에 없다는 점을 인정하고 철저하게 대비하여야 할 것이다.

자주 만나면 남이 가족보다 낫다는 말도 있는 것처럼 남한과 북한은 우선 자주 접촉하여야 한다. 무엇보다도 아무런 계산 없이 만날 수 있는 문화적인 차원에서의 만남이 잦아져야 한다. 그 다음으로 서로 경제적으로 협력할 수 있는 길을 모색하지 않으면 안 된다.

문화적, 경제적인 남북한의 교류가 활발해지다 보면 사회, 정치적인 교류도 자연적으로 열릴 것이다.

우리들은 한반도의 통일을 대비하면서 독일의 통일에서 참고하고 받아들일 것은 수용하되 한반도 분단상황에 대한 고유한 입장과 통일의 조건을 냉정하게 알고 대비책을 찾지 않으면 안 된다.


## 통일에 대한 감상적 태도

한반도 통일은 현실적으로 여러 가지 장애가 있기 때문에 6·25전쟁이 지난 후 50년이 넘도록 통일이 이루어지지 못하고 있다. 우리들 주위에서 어떤 사람들은 통일을 매우 감성적으로 생각하고 통일에 대해서 쉽게 이야기하는 경향이 있다.

"남한과 북한이 너무 오래 접촉하지 않고 떨어져 있으니까 사람들이 쓰는 말이 많이 달라졌어요. 어떻게 해서든 자주 접촉해서 같은 뜻을 가진 같은 말을 사용할수록 가까워지는 것은 당연해요. 어느 정도 언어의 뜻의 통일이 이루어지면 한반도의 통일도 자연히 이루어지게 되어 있어요."

"이젠 세계가 모두 자본주의의 손아귀 안에 들어 있어요. 우리들이 경제대국만 이룩하면 북한은 자연히 붕괴되어 가만히 있어도 흡수 통일이 되게 되어 있어요. 남북통일을 위해서 여러 가지로 신경 쓰고 애쓸 필요가 하나도 없어요. 거지는 당연히 부잣집에 와서 구걸하게 되어 있어요. 우리는 기술을 발달시키고 돈을 벌어서 어서 경제강국이 되어야 해요. 서독도 경제강국이 되어 동독을 흡수할 수 있었던 거예요."

"무조건 만나다 보면 통일은 자연히 되는 겁니다. 남과 북의 가수들이 한 무대에 서서 우리의 소원은 통일이라는 노래를 같이 부르는 모습이 얼마나 아름답습니까? 다른 것은 모두 필요 없어요. 남과 북의 사람들이 자주 만나면 통일은 예상 밖으로 빨리 옵니다."

앞에서도 이야기했지만 한반도의 통일은 그다지 쉽게 성취될 수 없는 여러 가지 조건들을 가지고 있다. 통일의 걸림돌이 되는 국내의 조건도 문제지만 국제적 조건도 만만치가 않다. 과연 일본이나 중국이 남북한의 통일을 진심으로 원하는지를 따져 볼 필요가 있다. 한반도가 통일된다면 정치, 경제, 군사적으로 한반도는 지금보다 훨씬 더 강한 국가가 될 것이다. 그럴 경우 러시아나 미국이 과연 좋아할 것인가도 생각해야 한다.

한반도의 통일을 위해서는 남한과 북한의 국내적 조건들과 아울러 국제적 조건들이 성숙되지 않으면 안 된다. 지금 우리들 각자는 과연 그처럼 어려운 여러 가지 조건들을 성숙시키기 위한 충분한 자세를 가지고 있는지 냉철하게 반성할 필요가 있다. 만일 통일을 위해 필요한 조건들을 성숙시킬 자세가 제대로 되어 있지 않다면 제아무리 '우리의 소원은 통일'이라고 절규하더라도 통일은 단지 막연한 희망사항으로 그치고 말 것이다.


## 통일에는 경제가 우선인가?

국민의 정부가 들어서면서부터 여러 가지 측면에서 남북한의 교류가 활발해졌다. 특히 전 김대중 대통령과 김정일 국방위원장이 만난 후 서로를 괴뢰도당이라고 비난하며 욕하는 모습은 점차 사라지고 남한 사람과 북한 사람은 한 핏줄이라는 의식이 점차로 강해졌다.

"김정일이 오만방자하고 사람들 앞에는 나타나지 않으며 매사를 제멋대로 하는 독재자인 줄 알았더니 의외로 솔직하고 대범한 면이 있는 인물이야."

"이번 이산가족 방문을 지켜 보니 역시 핏줄은 속일 수 없는 것이더군. 나이 들고 병들어 누워있는 남한의 어머니를 백발이 성성한 북한의 아들이 찾아와 울먹이는 모습은 너무나도 비극적이야. 빨리 돈 많이 벌어서 북한과 통일을 해야 해."

현재 우리 정부를 비롯해서 사회 지도층에 있는 많은 사람들은 햇볕정책을 지지하면서 경제적 시각에서 통일을 준비하는 경향이 강하다. 예컨대 금강산 관광이나 나진, 선봉지구 개발 또는 개성 개발 등은 남북한의 경제협력을 목적으로 내세우면서도 동시에 통일을 준비하는 입장에서 계획되어 왔다. 그렇지만 남북한의 통일을 위해서는 통일의 여러 조건들을 모두 고려하는 다양한 시각이 절실히 필요하다.

## 휴머니즘과 의식의 통일

지금까지 살펴본 것처럼 한반도의 통일은 우리의 소원이지만 그다지 간단한 문제가 아니다. 물론 통일을 위해서 문화, 사회, 경제 및 정치적인 남북한의 빈번한 교류와 접촉이 필요하다.

그렇지만 남북한의 사람들은 모두가 한 핏줄이라는 근본적인 의식의 통일이 선행하지 않으면 진정한 통일은 어렵다. 게다가 모든 인간은 자유롭고 평등하다는 휴머니즘이 가장 밑바탕에 깔려 있지 않으면 통일을 위한 준비는 단지 형식적인 것에 불과할 것이다.

외모가 뛰어나야 출세한다

# 성격은 고정된 것인가?

## 성격이란 무엇인가?

인간은 누구나 자신의 성격에 대해 많든 적든 일생을 통해서 고민하기 마련이다. 어떤 사람은 인간의 성격은 일생동안 고정되어 불변한다고 생각한다. 그래서 "세 살 버릇 여든 간다"라고 말한다. 그런가 하면 또 어떤 사람은 성격이란 시간과 장소에 따라 수시로 변한다고 말한다. 그래서 "죽 끓듯 변덕스러운 것이 인간의 마음이다"라고 말한다. 또 어떤 사람은 개인마다 어느 정도 정해진 성격을 가지지만 그것은 나이를 먹으면서 조금씩 변한다고 생각한다.

사실 나 자신의 성격을 생각해 보아도 일정하게 정해진 것 같으면서도 대하는 사람에 따라서 다르고 환경에 따라서 다른 것을 알 수 있다. 도대체 성격이 무엇인지 그리고 성격은 고정불변하는 것인지 아니면 수시로 변하는지에 관해서 옛날부터 오늘날까지 여러 가지 이론들이 많다.

"성격이란 타고난 것이라 고칠 수 없어. 저 친구 성격은 매우 교활해. 어려서부터 아주 약아 빠졌다고 그러더군. 부모를 보면 자식을 알 수 있는 법이야. 저 친구의 부모가 모두 약삭빠르게 생겼잖아! 그러니까 그 부모에 그 자식이야."

"나도 성격은 바꿀 수 없다고 확신해. 나 자신의 성격은 불같아서 뜨뜻미지근한 것은 도저히 참고 넘길 수 없단 말야. 공연한 일에도 열 받아서 있는대로 화를 벌컥 내고 난리법석을 떨어야 속이 시원하거든. 하지만 화낼 때마다 이 불같은 성격을 반드시 바꾸어야 한다고 다짐하곤 해. 그러나 아무리 굳게 결심해도 그 놈의 불같은 성격은 전혀 고쳐지지 않아."

"무슨 소리야? 한 인간의 몸도 세월에 따라서 수없이 변하는데 성격이라고 고정불변할리 없지. 변덕이 죽 끓듯 한다는 말도· 있어. 한 인간의 성격은 때와 장소에 따라서 변하기 마련이야. 성격이 고정불변한다는 생각은 단지 습관적인 것이고 우리는 성격이 변하지 않기를 바라는 마음에서 고정불변하는 성격을 말할 뿐이야."

　어떻든 성격은 개인의 특질을 일컫는다. 사람마다 성격이 다른 것은 분명하다. 성격은 개인의 특질로서 비교적 일관성이 있다. 우리들은 대체로 성격을 다음처럼 정의내릴 수 있다. "환경적응이나 대인관계에서 비교적 일관성 있는 개인의 독특한 행동방식, 사고방식의 특징적 소질이 성격이다."

# 성격은 불변하는가?

현대 초기까지도 일반인은 물론이고 의학자나 심리학자들이 성격을 불변하는 것으로 여겨왔다. 어떤 학자는 사람에 따라서 전통지향적 성격이 있는가 하면 내면지향적 성격이 있고 또 타자지향적 성격이 있다고 한다. 또 어떤 학자는 자본주의적 성격이 있는가 하면 공산주의적 성격도 있다고 한다. 이러한 성격들은 고정되어 불변한다고 한다.

고대 그리스의 의사 히포크라테스는 사람들 저마다 일정한 유형의 성격을 가지고 있다고 믿었다. 즉 모든 사람은 각자의 체액에 따라서 일정한 성격을 가지고 있다는 것이다. 그의 성격유형론에 의한 성격 구분은 다음과 같다.

혈액형 성격: 다혈질적이고 다정하며 유쾌한 성격이다.

점액형 성격: 느리며 항상 느긋한 성격.

흑담즙형 성격: 언제나 우울한 성격.

담즙형 성격: 동작이 빠르고 화를 잘내는 성격.

크레츄머(Kretchmer)는 체격에 따라서 성격의 유형을 다음과 같이 나누었다.

세장형: 깡마른 사람은 꼼꼼하고 깔끔하며 신경질적인 성격을 지닌다.

비만형: 성격이 활달하고 기분의 변화가 심하다.

근육형: 매사에 정력적인 성격.

동양의학에서는 사람을 태양, 태음, 소양, 소음으로 나누어서 고정된 성격을 말한다. 그런가 하면 혈액형에 따라서 일정한 성격이 있다고 주장하는 이들도 있다. 현대에 들어와서도 융과 같은 학자는 외향적 성격과 내향적 성격으로 성격을 나누었다.

또 어떤 학자는 성격을 다음처럼 둘로 구분하였다.

내통제 성격: 자신의 행동을 스스로 통제함으로써 운명을 개척하는 성격.

외통제 성격: 외부의 힘에 전적으로 의존하여 자신의 행동을 통제하는 성격으로 숙명적 인생관을 가지며 사회에 대해서 부정적 입장을 가지는 성격.

그런가 하면 남녀를 구분하지 않고 성(sex)에 따라서 모든 인간의 성격을 남성적 성격, 여성적 성격, 혼성적 성격으로 구분하는 학자도 있다. 지금까지 소개한 성격이론들은 모두 성격을 고정불변하는 개인의 특질로 본다. 그러나 심리학과 정신분석학이 눈부시게 발달하면서 고정불변하는 성격을 부정하는 경향이 등장하게 되었다.


## 프로이트의 성격론

프로이트(1856~1939)는 정신분석학의 창시자이다. 그에 의하면 인간의 심리과정은 역동적인 힘들의 총체이다. 우리들이 자아(나)라고 생각하는 것은 우리가 잘 알고 있는 의식으로서 전체 심리과정의 극히 일부로서 표면적인 것이다. 자아는 초자아를 밑에 감추고 있다. 초자아는 우리가 의식하지 못하고 있으나 자아를 명령하는 양심이다. 양심은 아기 때 우리들이 부모에게서 받은 도덕적 교훈이다. 그러나 자아(초자아가 명령하는)의 심층에 자리잡고 있는 것은 우리들이 전혀 알지 못하고 있는 원초아(심층의식 또는 성적 충동)이다.

원초아는 구강기, 학문기, 성기기, 잠복기, 생식기에 걸쳐서 성적 충동을 발산한다. 예컨대 구강기(1세) 때 성적 충동은 아기의 입으로 나타난다. 젖을 제대로 먹고 자란 아기는 커서 능동적이고 자상한 성격이 되지만 젖을 제대로 먹지 못한 아기는 커서 학대하는 성격을 가지게 된다. 항문기, 성기기, 잠복기, 생식기에도 성적 충동이 신체 특정 부분을 통해서 나타나며 각 시기에 적응을 잘 하느냐 못하느냐에 따라서 성인이 되었을 경우 일관성 있는 성격이 형성된다. 프로이트에 의하면 원초아가 유아기로부터 사춘기에 이르기까지 신체기관에 나타나서 어떻게 적응하느냐에 따라 성격이 형성된다는 것이다.

프로이트 이후 신정신분석학에서는 다양한 성격이론들을 제시하였다. 그러나 꼭 집어서 성격을 이렇다라고 제시할 수 있는 이론은 있을 수 없다. 왜냐하면 성격이란 어느 정도 일관성이 있으면서도 세월과 장소에 따라서 그리고 환경과 상황에 따라서 변하는 개인의 특질이기 때문이다. 문제는 개인이 환경과 대인관계에 가능한 한 적절히 적응하면서 건강한 정신과 신체를 유지하는 것이다.

# 성형수술

## 유행과 개성의 차이

사람은 누구나 맛과 멋을 찾는다. 아마도 맛과 멋을 찾는 것은 동물적인 본능으로부터 출발했을 것이다. 동물은 살아 남기 위해서 입맛에 맞는 음식물을 섭취하지 않으면 안 된다. 또한 건강한 후손을 남기기 위해서는 멋있는 짝을 만나야만 한다. 우선 인간은 생물학적 존재로서 멋과 맛을 찾는다. 남녀노소 누구나 멋있게 보이려고 하는 기본적인 이유는 생물학적인 것이다. 그러나 인간은 생물학적 존재이면서도 그것을 넘어서서 사회적, 문화적 존재이다.

인간에게 건강한 육체가 중요한 것 이상으로 건강한 정신 또한 중요하다.

극단적인 예로 육체는 멋있고 건강하며 아름다운데 정신 연령이 매우 낮은 사람과, 육체는 심하게 병들어 있는데 정신활동이 왕성한 사람을 생각해 보자. 두 사람 중에 과연 어떤 사람이 인간다운 삶을

276

이끌어 가고 있다고 말할 수 있을까?

상식의 세계를 살아가는 우리들은 누구나 건강한 신체와 아름다운 외모를 원한다. 아름답고 건강한 외모를 보면 첫인상에 호감을 가지기 마련이다. 얼마 전까지만 해도 어떤 회사에서 여사원을 뽑을 때 키에 제한을 두었다는 말이 있다. 남녀가 맞선을 보고 나면 흔히들 상대방이 잘생겼는지 아닌지에 관해서 말이 많다.

특히 10대 사춘기의 남녀는 남에게 관심의 대상이 되고 호감 가질 수 있기를 바라면서 남보다 눈에 띄기를 원한다. 머리를 노랗게 물들이고, 헐렁한 바지를 걸치며, 배꼽을 드러내는 행동은 남보다 훨씬 눈에 띄기 위해서이다. 우리들은 21세기를 일컬어 개성시대라고 부른다. 젊은이들은 모두가 한결같이 똑같은 것을 거부하고 각자 나름대로 개성을 가지려고 한다.

그런데 머리를 염색하고, 헐렁한 옷을 걸치며, 인라인 스케이트를 타는 것은 개성인가 아니면 유행인가? 개성이란 말 그대로 나만의 특징이 돋보이는 것을 말한다. 유행은 시류에 따라 잠시 많은 사람들이 함께 따라서 흉내내는 것을 말한다.


## 성형수술의 허와 실

경제수준이 좀 높아지고부터 성형외과가 이곳저곳에 문을 열었고 이르면 유치원 아이에서부터 시작해서 할머니들까지도 성형수술에 지대한 관심을 가지게 되었다. 거리를 지나면서 아주머니들의 얼굴을 자세히 들여다보면 쌍꺼풀 수술한 사람들이 꽤 많다. 텔레비전의 남자 탤런트 중에서도 쌍꺼풀 수술한 사람들이 간혹 보인다.

눈을 크게 보이고 싶어서 쌍꺼풀 수술을 하고, 오뚝하게 높은 코가 탐나서 코수술을 하고, 주름살을 제거하고 얼굴과 배, 엉덩이, 허리의 지방을 제거하고……. 날씬하고 아름답게 보이려는 욕망은 온갖 위험을 무릅쓰고 감히 성형수술을 받게 한다.

성형수술은 기능상으로는 장애가 없지만 미관상 문제가 되는 얼굴의 부분이나 피부를 미용 목적으로 수술하는 것을 말한다. 얼굴에 남보기에 흉할 정도로 기미가 많으면 레이저로 기미를 제거한다. 선천적으로 언청이로 태어났을 경우 성형수술로 정상인의 입모양을 만든다. 교통사고로 인해서 안면이 흉하게 상했을 때나 화상을 입었을 때도 역시 성형수술로 정상인의 얼굴 모습을 회복할 수 있다. 허리와 다리가 너무 굵어서 지나치게 고민하다가 드디어 우울증에 걸릴 정도가 된다면 지방흡입술로 어느 정도 늘씬한 허리와 다리를 찾게 할 수 있다. 성형수술의 장점은 성형수술을 한 사람이 만족할 경우 자신의 삶에서 만족감을 찾고 긍정적인 생활태도를 가질 수 있다는 것이다.

그러나 신문이나 텔레비전을 통해서 우리들은 성형수술의 부정적인 측면을 허다하게 접할 수 있다. 비용이 많이 든다는 것은 둘째로 치고 성형수술이 잘못 되었거나 마음에 들지 않을 때 그 부작용은 이루 말할 수 없을 정도로 크다. 재수술을 해도 원래의 모습보다 못하기 때문에 정신병까지 얻는 사람이 있다. 성형수술 후 더 흉해진 자신의 얼굴을 보기 싫어 외진 곳 단칸방에서 신음하며 살아가는 여성도 있다.

성형수술의 부작용 사례를 자세히 알면 소름끼칠 정도로 끔찍하다. 콧날을 세워서 너무너무 만족했지만 이삼 년이 지나면서 코가 썩어 들어간다면 마음이 어떻겠는가? 쌍꺼풀 수술을 하고 나서 기분이 날아갈 듯 했지만 보는 사람마다 눈이 왜 그렇게 이상하냐고 묻는다면 그때 마음이 어떻겠는가?


## 개성과 주체성

남들이 명품 가방을 들고 다니면 좋아 보이고, 남들이 명품 바지를 입으면 개성 있는 것으로 보여서 나도 명품 가방과 바지를 탐낸다. 남들을 따라서 남들과 똑같이 행동하는 것은 개성이 아니고 유행이다.

머리 염색도 당연히 유행이다. 유행과 개성은 정반대이다. 유행은 인간의 주체성이 없지만 개성은 인간의 주체성이 있다. 머리를 염색하더라도 나 스스로 고민하면서 나만의 예술혼에 의해서 독특하게 머리를 염색한다면 그것은 개성의 표현이라고 할 수 있다.

사람들은 흔히 잘생긴 사람은 인간성도 좋고 능력도 남보다 뛰어나리라는 편견을 가지기 쉽다. 그래서 사람들은 대인관계에서 첫인상을 중요하게 여긴다. 그러나 조금이라도 자기성찰의 여유를 가진다면 외모나 첫인상은 그다지 중요하지 않다는 것을 알게 된다. 한 인간의 개성은 그 인간의 주체성이며 또한 인간성과 능력에 의해서 결정된다.


## 성형수술을 할 것인가, 말 것인가?

우리 나라 성형수술의 기술은 매우 뛰어나다고 한다. 가까운 나라 일본 여성들이 우리 나라에 와서 성형수술도 하고 관광도 한다는 이야기가 있을 정도이다. 내 생김새가 조금 마음에 들지 않을 때 성형수술을 할 것인가, 말 것인가 많은 10대들이 크게 고민한다. 병은 자랑하라는 말이 있다. 우선 성형수술에 관해서 부모와 형제 그리고 친구들이나 선생님과 터놓고 대화할 수 있는 용기를 가져야 한다.

사회생활을 하는 데 지장이 있다거나 타인에게 불쾌감 내지 혐오감을 주는 용모라면 당연히 성형수술이 큰 효과를 가져다 줄 것이다. 그러나 남들처럼 더 예뻐지기 위해서 성형수술을 한다면 외모만 중시하는 가벼운 사회풍조에 동참하는 격이 된다. 10대의 젊은이는 무엇보다도 먼저 나는 누구인지, 나의 삶은 무엇인지, 어떤 삶이 의미있고 가치있는지 깊이 생각하고 고뇌하는 시간을 통해서 자신의 삶을 성숙시키지 않으면 안 된다. 한 인간이 자신의 주인이 되지 못할 때 그는 죽을 때까지 외모에만 집착할 것이다.

# 외모가 뛰어나야 출세한다

## 몇 가지 편견들

인간은 집단을 이루고 살다보면 습관에 익숙해지고 관습이 지배하는 상식을 진리로 믿고 살아가게 된다. 일반적으로 철학에서는 명백하고 확실한 관념을 진리라고 한다. 명백하고 확실한 관념은 객관적이며 보편적이지 않으면 안 된다.

그러나 우리들 인간의 마음은 상식 또는 주관적이며 상대적인 관념을 흔히 참답다고 고집한다. 영국 경험론 철학의 시조 베이컨(1561~1626)은 편견을 우상으로 불렀고 객관적 지식을 얻기 위해서는 과감히 우상들을 물리쳐야 한다고 역설하였다. 그가 말한 우상들은 종족의 우상, 동굴의 우상, 시장의 우상, 극장의 우상 등 네 가지이다.

(가) 종족의 우상: 인간의 본성이 가지는 편견이다. 인간은 대상을 냉철하게 객관적으로 살피기보다 인간의 관계에서 살핀다. 예컨

대 나뭇가지가 꺾이면 나무가 매우 아프겠다고 생각한다.

(나) 동굴의 우상: 각 개인은 자신의 동굴에 갇혀서 매사를 주관적 입장에서 평가한다.

(다) 시장의 우상: 시장의 장사꾼은 말을 번드르르 늘어놓으면서 물건을 판다. 인간의 사고는 언어의 영향을 지대하게 받는다.

(라) 극장의 우상: 우리들은 전해 내려오는 견해를 옳다고 믿는 편견을 가진다. 예컨대 예수님이 이렇게 말했으니까 또는 공자님이 이런 말을 했으니까 그들이 말한 것은 옳다고 하는 것은 편견이다.

지금까지 편견을 이야기한 이유는 '외모가 빼어나야 인간성도 좋고 출세한다'는 견해가 편견에 지나지 않는다는 사실을 밝히는 데 있다. 간디, 칸트, 나폴레옹 등은 키가 난쟁이만 했고 생긴 것도 보잘 것 없었다. 사람 구실을 제대로 하지 못하면 속말로 '꼴값한다'라고 말한다. 다 그런 것은 아니더라도 늘씬하고 외모가 잘생긴 남녀들은 그만큼 외모에 신경 쓰고 가꾸느라고 속을 제대로 돌보지 못하는 경우가 많다. 그래서 '백치미인'이라는 말이 생겼을 것이다.


## 외모는 고민거리다

10대 사춘기에 접어들면서부터 사람은 누구나 외모에 신경을 쓰고 고민하기 시작한다. 현실적인 자아는 이상적인 자아와 똑같아지려고 하지만 이상적인 자아는 항상 멀리 앞서서 달아나고 있다. 10

대 사춘기의 젊은이들은 정신적으로 그리고 육체적으로 자신이 앞으로 되고자 하는 이성적 자아를 매우 강하게 가진다. 현실적 자아와 이상적 자아의 거리를 좁히려고 애쓰지만 두 자아들 사이의 간격은 좀처럼 좁아지지 않는다. 젊은이들은 특히 자신의 얼굴 생김새, 몸매, 키 등에 지대한 관심을 가지기 시작한다. 젊은이들이 신체에 큰 관심을 가지는 이유는 우선 이성친구에게 잘 보이고 이성친구를 사귀려는 데 있다. 다음으로 외모에 관심을 가지는 이유는 자신이 스스로 만족하려는 것 곧 나르시즘이다.

"내 얼굴은 나무랄 데 없이 미인형인 것은 틀림없어. 그런데 코가 아무래도 좀 낮은 것이 흠이야. 콧날을 매일 밤 수없이 세워 보아도 코가 오똑해지지 않아. 다른 곳은 거의 완벽하니 엄마에게 코수술만 해달라고 부탁할까?"

"나는 이놈의 여드름 때문에 정말 살맛을 다 잃어버렸어. 사춘기가 되면 여드름 나는 것이 당연하다지만 왜 내 얼굴에만 이렇게 여드름이 많이 난다지? 병원에도 가보고 좋다는 약은 다 발라보고 먹어보고 해도 거의 소용이 없었다니까. 여드름 때문에 공부도 하기 싫고 친구들도 만나기 싫고 남자 친구는 꿈도 꿀 수 없으니 어쩌면 좋지?"

"여고 1학년이 되었는데도 아이들이 땅꼬마라고 놀리니까 밥맛도 없고 살맛도 안나. 내가 아무리 공부를 뛰어나게 잘한들 그게 다 무슨 소용이 있겠어? 다른 아이들은 나를 우습게만 생각하거든."

메뚜기도 한철이라는 말이 있다. 메뚜기는 여름 한철 왕성하게 살다가 가을이 오면 자취도 없이 사라진다. 확실히 외모는 고민거리이다. 그러나 사춘기가 지나고 어른이 되면 우리들 각자는 치열한 생존경쟁의 마당에서 정신없이 달려야 하기 때문에 대부분 외모를 잊고 일에 매달리지 않으면 안 된다.

## 자신의 외모에 책임을 져라

사춘기 때가 되면 남자나 여자나 매일 거울을 들여다보고 남의 몸과 내 몸을 비교해 보며 머리끝부터 발끝까지 수시로 차림새에 신경을 쓰기 마련이다. 한 인간이 성숙하기 위해서는 수없이 많은 고뇌와 번민이 따른다. 외모는 거의 부모의 유전자에 달려있다. 청년기까지의 얼굴은 부모가 물려 준 모습이다. 그러나 어른은 자신의 얼굴에 책임을 져야 한다는 말이 있다. 인간은 다른 생물들과 마찬가지로 본능적인 동물이면서 동시에 사유하는 존재이다. 생각하는 존재인 인간은 성인이 되면 자신의 삶과 아울러 자신의 얼굴에도 책임을 지지 않으면 안 된다.

## 주체적 인간상

외모가 잘생긴 사람은 일반적으로 대인관계에서 호감을 가진다.

사람들은 대인관계에서 어떤 일을 행할 때 첫인상의 느낌을 가지고 행동하기 쉬운 경향이 있다. 그러나 외모는 대부분 감각적이며 습관적인 호감 이외의 더 큰 감동을 자아내지 못한다. 인간이 인간일 수 있는 것은 인간이 자신의 한계를 끊임없이 주체적으로 극복하기 때문이다. "자, 내가 지금 이곳에서 쓰러졌는가? 좋다. 그렇다면 다시 일어서서 앞으로 달려가자!" 인간이 자신의 삶을 스스로 성숙시켜 나갈 때 우리는 한 인간의 주체적 삶을 엿보면서 감동하게 된다.

못생긴 외모는 두고두고 고민거리고 온갖 잡념과 번뇌를 초래한다. 그러나 못생긴 외모를 과감히 극복하고 나 자신의 고유한 삶을 개척해 나갈 때 비로소 나는 나 자신의 아름다움을 진하게 체험할 수 있다.